Franken

Bild gegenüberliegende Seite: Weinberg bei Seinsheim mit Herbstfärbung

Die Deutsche Bibliothek verzeichnet diese Publikation in der Deutschen Nationalbibliografie;
detaillierte bibliografische Daten sind im Internet über http://dnb.ddb.de abrufbar.

© 2019 by Volk Verlag München,
Neumarkter Straße 23; 81673 München,
Tel.: 0 89/420 79 69 80; Fax: 0 89/420 79 69 86

Herausgegeben von Michael Volk

Druck: DZS Grafik, Ljubljana

ISBN 978-3-86222-279-7
www.volkverlag.de

Franken

Inhalt

01 **Amorbach**

02 **Miltenberg**

03 **Aschaffenburg**

04 **Schloss Mespelbrunn**

05 **Lohr am Main**

06 **Hammelburg**

07 **Bad Kissingen**

08 **Münnerstadt**

09 **Kreuzberg / Rhön**

10 **Ostheim**

11 **Schweinfurt**

12 **Kloster Ebrach**

13 **Volkach**

14 **Würzburg**

15 **Veitshöchheim**

16 **Ochsenfurt**

17 **Kitzingen**

18 **Iphofen**

19 **Bad Windsheim**

20 **Rothenburg ob der Tauber**

21 **Ansbach**

22 **Heilsbronn**

23 **Dinkelsbühl**

24 **Burg Pappenheim**

25 **Weißenburg**

26 **Ellingen**

27 Greding

28 Schwabach

29 Nürnberg

30 Fürth

31 Cadolzburg

32 Erlangen

33 Schloss Weißenstein
in Pommersfelden

34 Forchheim

35 Festung Rothenberg

36 Hersbruck

37 Fränkische Schweiz

38 Pottenstein

39 Bamberg

40 Schloss Seehof

41 Wallfahrtskirche Vierzehnheiligen

42 Kloster Banz

43 Coburg

44 Kronach

45 Burg Lauenstein

46 Kulmbach

47 Bayreuth

48 Fichtelgebirge

49 Luisenburg

50 Hof

Willkommen in Franken!

Franken wissen, dass sie in einer der schönsten Regionen Deutschlands zu Hause sind. Der Main schlängelt sich von Aschaffenburg bis Bamberg durch sattgrüne Landschaften, die Romantische Straße führt Reisende entlang von Schlössern, Hügeln und Weinbergen in den Süden. Roter Sandstein und schwarzer Schiefer prägen seit Jahrhunderten das Bild der fränkischen Gemeinden und lassen sie bis heute mittelalterlich anmuten. Pittoreskes Fachwerk tut an vielen Orten ein Übriges, um für eine romantische Stimmung zu sorgen. Das berühmte Weinland in Unterfranken, das 20 Quadratkilometer große Seenland in Mittelfranken und die Fränkische Schweiz sowie das Fichtelgebirge in Oberfranken bieten eine facettenreiche Fülle von Freizeitmöglichkeiten: Wunderbar kann man das Land mit dem Rad erkunden, man kann wandern und paddeln, sogar klettern. Und wenn man dann durstig ist: Oberfranken ist die Region mit der höchsten Brauereiendichte Deutschlands. Doch Franken kann mehr als süffiges Bier: Edler Wein, süße Lebkuchen und viele traditionelle Wurstsorten erfreuen auch den verwöhnten Gast. Und die Franken verstehen zu feiern: Fast jeder Ort hat seine Kirchweih („Kärwa"). Auch bester Fisch kommt in Franken auf den Tisch. Ob blau, gebacken oder als Tatar – serviert wird der Karpfen nur in Monaten mit dem Buchstaben „r".

Seit Beginn der Zeitrechnung besiedelten keltische Stämme das heutige Franken, bis sie mit dem Vorstoß des Römischen Reichs gen Norden verdrängt wurden. Im Jahr 250 nach Christus machte sich dann die germanische Bevölkerungsgruppe der Alemannen entlang der Donau breit, die Thüringer und die namensgebenden Franken folgten zu Beginn des Frühmittelalters. Aus dem Spannungsfeld dieser drei Stämme gingen die Franken als Sieger hervor. Ein Großteil der Bevölkerung war seit jeher heidnischen Glaubens. Erst irisch angelsächsischen Wandermönchen gelang es, das fränkische Gebiet zu missionieren. Kilian wird deshalb heute noch als Apostel der Franken am 8. Juli verehrt. Es war jedoch erst Bonifatius, der 741 mit dem Bistum Würzburg das erste Bistum Frankens gründete.

Folgende Seiten:
Obstblüte in Oberkrumbach, Mittelfranken
Karpfenteiche bei Adelsdorf, Mittelfranken

Mitte des 9. Jahrhunderts entstand das Stammesherzogtum Franken. 939 wurde es direkt dem König unterstellt und war von da an Machtbasis der ostfränkischen und deutschen Könige. Die Stadt Bamberg wurde nach der Errichtung des Bistums im Jahr 1007 durch König Heinrich II. zu einem wichtigen Zentrum des Reichs.

Als sich Bayern, Schwaben und Sachsen gegen den König erhoben, stieg Franken im 12. Jahrhundert vor allem unter den Stauferkönigen Konrad II. und Friedrich Barbarossa zum Mittelpunkt der Herrschaft über das Heilige Römische Reich auf. Nürnberg, in unregelmäßigen Abständen Schauplatz der Reichstage, kam in dieser Zeit eine führende Rolle zu. Die Kaiserburg zählt heute zu den bedeutendsten Kaiserpfalzen des Mittelalters.

Die während der Regierungszeit Kaiser Maximilians I. im Jahr 1500 durchgeführte Einteilung des Reichs in Reichskreise gilt als wichtigste Grundlage für die Entstehung eines fränkischen Gemeinschaftsgefühls, das trotz der damaligen Kleinstaaterei Frankens und der völlig unterschiedlichen Herrschaftsformen bis heute besteht. Die Konflikte jener Zeit ließen sich dadurch aber nicht vermeiden – diese eskalierten in der Reformation. Nürnberg tat sich durch den Druck der Lutherbibel und durch die Beschäftigung luthernaher Geistlicher bei der Ausbreitung der Reformationsbewegung besonders hervor. Selbst in den Hochstiften Würzburg und Bamberg ließ man sich vom lutherischen Gedankengut anstecken. Die Gegenreformation, die einige Jahrzehnte später einsetzte, führte in Würzburg und Bamberg zu den schlimmsten Hexenverbrennungen in ganz Europa. 60 Jahre später schlossen sich reformierte Landesfürsten in Franken zur sogenannten Protestantischen Union zusammen. Ihr stand die Katholische Liga, die sich auf Initiative Maximilians I. von Bayern geründet hatte, gegenüber. Die Differenzen zwischen den beiden Lagern mündeten schließlich im Dreißigjährigen Krieg, der von Böhmen ausgehend auf ganz Europa übergriff. Etwa die Hälfte der fränkischen Bevölkerung fiel dem Krieg zum Opfer. Mit Kriegsende wurden die Reichstage „auf ewig" nach Regensburg verlegt. Das seit jeher nur grob umrissene Reich der Franken konnte auch der Westfälische Friede von 1648 nicht klar definieren.

Erst als der letzte Markgraf von Brandenburg-Ansbach, Karl Alexander, 1791 auf sein Herrschaftsgebiet verzichtete und es an Preußen abtrat, wurde die fränkische Grenze durch die Großmacht erstmals festgelegt. Das Reich blieb dennoch weiterhin politisch stark zersplittert und war noch immer in katholische und protestantische Territorien geteilt. Mit dem Vertrag von Paris aus dem Jahr 1802, welcher den Zweiten Koalitionskrieg gegen Napoleon beendete, wurde ein großer Teil des heutigen Franken dem Kurfürsten von Pfalz-Bayern zugesprochen. Durch diverse Gebiets-

zugewinne verdrängte Bayern in den darauffolgenden Jahren Preußen endgültig als bisherige Vormacht in der Region. 1806 wurde Bayern Königreich, einschließlich der fränkischen Gebiete.

Dem fränkischen Gebiet kam unter bayerischer Herrschaft stets eine wichtige Rolle zu. Im 19. Jahrhundert mauserte sich die Region dank der ersten Eisenbahnfahrt zwischen Nürnberg und Fürth im Jahr 1835 sogar zum Zentrum der Industrialisierung in Bayern, was dazu führte, dass die Bevölkerung in Franken sprunghaft anstieg. Insbesondere die Umgebung von Nürnberg und von Schweinfurt war als Industriestandort gefragt. Coburg, bis 1918 Teil des Herzogtums Sachsen-Coburg und Gotha, sprach sich 1919 in einem Referendum für Bayern und damit gegen eine thüringische Zugehörigkeit aus. Die wirtschaftlichen Zentren Frankens waren im Zweiten Weltkrieg das primäre Ziel von Luftangriffen und wurden stark zerstört.

Nach 1945 bewältigte Franken wirtschaftlich den Strukturwandel von einer überwiegend landwirtschaftlich geprägten Region zu einer führenden Industrieregion. Dabei hat das Gebiet nie seine Wurzeln vergessen und zelebriert bis heute Tradition und Brauchtum selbstbewusst, auch angesichts der Zentralmacht in München. All diese Irrungen und Wirrungen der Geschichte haben im Frankenland eine Vielzahl von steinernen Zeugnissen hinterlassen, nicht nur in der Metropole Nürnberg oder großen Städten wie Würzburg oder Bamberg. Man denke nur an die Vielzahl von Schlössern, Befestigungsanlagen und Burgen. Beispielsweise das Wasserschloss Mespelbrunn, das aus dem Elsava-Fluss emporsteigt, oder die Festung Rosenberg in Kronach, die nie gewaltsam eingenommen werden konnte. Weltliche und geistliche Herren haben aber auch den Boden bereitet für kunstgeschichtliche Schätze, etwa in prächtigen Kirchen und alten Klöstern. Man denke nur an die lebensechten Werke von Albrecht Dürer, an den Schnitzer Tilman Riemenschneider, an Johann Dientzenhofer oder Balthasar Neumann, um nur ein paar der bekannten fränkischen Künstler zu nennen. Aber auch die zahlreichen Museen haben viel zu bieten, allen voran das Germanische Nationalmuseum in Nürnberg.

Da reicht eine einzige Reise ins schöne Frankenland garantiert nicht aus. In diesem Sinne: Auf Wiedersehen in Franken!

Ein Werk von Balthasar Neumann: Schloss Werneck bei Schweinfurt in Unterfranken, seit Mitte des 19. Jahhunderts als Klink genutzt.

01 **Amorbach**

Amorbach, die Barockstadt im Odenwald, wird zu Recht als architektonisches Schmuckkästchen bezeichnet. Hauptattraktion des Ortes, der 1253 zur Stadt erhoben wurde, ist die ehemalige Abteikirche der Benediktiner und heutige evangelische Pfarrkirche. Die Klostergründung wird auf das Jahr 734 datiert, die Kirche wurde in den Jahren 1742 bis 1747 nach Plänen des Mainzer Hofbaumeisters Maximilian von Welsch errichtet. Bekannt ist sie heute vor allem aufgrund des Wessobrunner Stucks und der größten Barockorgel Europas mit rund 5.000 Pfeifen. 1803 nach der Säkularisation ließen die Fürsten zu Leiningen die Abtei zur Residenz umbauen, beachtenswert sind der Grüne Saal und die Bibliothek. Der ehemalige Klostergarten wurde zwischen 1805 und 1817 von Friedrich Ludwig Sckell zu einem Landschaftspark im englischen Stil, dem Seegarten, umgestaltet.

Highlights sind auch der Marktplatz mit St. Gangolf, die 1488 erbaute Zehntscheuer und das Templerhaus, ein mittelalterlicher Adelssitz aus dem 13. Jahrhundert, der als das älteste erhaltene Fachwerkhaus Bayerns gilt. Einmalig ist ferner die Sammlung Berger mit moderner Kunst – und 2.467 figürlichen Teekannen.

Abteikirche
der ehemaligen
Benediktinerabtei
Kloster Amorbach
mit der seinerzeit (1782)
weltweit größten Orgel
(Bild links).
Links außen: Temp-
lerhaus, das älteste
erhaltene Fachwerk-
haus in Bayern

Großes Bild: Die Mildenburg über dem
Fachwerkensemble der Miltenberger Altstadt
Kleines Bild: Hotel zum Riesen
Nächste Seiten: Torhaus der Mainbrücke
Markplatz

O2 **Miltenberg**

Wie verschieden Fachwerk sein kann, lässt sich in den engen Gassen Miltenbergs studieren, denn die Stadt wurde weder von großen Feuern noch im Krieg zerstört. Die Stadt am Mainviereck zwischen Spessart und Odenwald gehört zu Unterfranken. Über ihr thront die namensgebende Mildenburg, die gegen Ende des 12. Jahrhunderts vom Erzbischof von Mainz errichtet wurde und seit 1979 im Besitz der Stadt ist.

Im Schutz der Burg entwickelte sich die Stadt, die 1237 zum ersten Mal urkundlich erwähnt wurde. Dank ihrer Lage zwischen Frankfurt und Nürnberg war Miltenberg bald ein blühender Handelsknotenpunkt und besaß Zoll- und Marktrechte.

Die beiden Stadttürme, das Würzburger Tor im Osten und das Mainzer Tor im Westen, begrenzen noch heute die dicht mit reizvollen Fachwerkbauten aus dem 15. bis 18. Jahrhundert bestückte Hauptstraße. Das Gasthaus „Zum Riesen" gilt als das älteste Wirtshaus Deutschlands. Am Alten Marktplatz, auch Schnatterloch genannt, bietet das Schnatterlochtor einen Durchgang direkt in den Wald.

Auf den folgenden Seiten:
Mittelalterliche Bausubstanz am Rathausplatz
Im Auftrag Ludwigs I. erbaut: das Pompejanum
Eindrucksvolle Renaissance: Schloss Johannisburg über dem Main

03 Aschaffenburg

Das Tor zum Spessart, wie Aschaffenburg im fränkischen Untermaingebiet gerne genannt wird, bietet neben dem 1605 bis 1614 aus Rotsandstein erbauten Schloss Johannisburg Kulturinteressierten einige Sehenswürdigkeiten, die für die tausendjährige Geschichte der Stadt bürgen.

Das Pompejanum etwa, erbaut in den Jahren 1840 bis 1848 vom Architekten Georg Ridinger, stellt eine antike römische Villa am Mainufer dar, die ihre Besucher zu Liebhabern der Künste machen sollte. Das Gebäude dient seit 1994 der Glyptothek München als Ausstellungsgebäude.

Die Johannisburg diente den Mainzer Erzbischöfen lange Zeit als Residenz. Das nach dem Krieg restaurierte Schloss ist heute auch Heimat der staatlichen Hofbibliothek und des Schloss-museums. Eine besondere Attraktion ist ein Carillon (Glockenspiel) aus 48 Glocken (vier Oktaven) im Ostturm, das dreimal täglich erklingt, auch die Schlosskapelle mit ihrem Alabasterhochaltar aus dem Jahr 1620 ist einen Besuch wert.

Die Stadt selbst weist eine lange Geschichte auf. Vermutlich im 4. Jahrhundert besiedelt, entwickelte sich um den späteren Stiftsberg die zweite Residenzstadt der Mainzer Erzbischöfe und Kurfürsten. Mit der Gründung des Fürstentums Aschaffenburg (1803 – 1810) begann eine kulturelle Blütezeit für die Stadt. Besonders König Ludwig I. von Bayern liebte den Ort wegen seines milden Klimas und schenkte ihm das Pompejanum. Der letzte Kurfürst und Erzbischof von Mainz, Friedrich Karl Joseph Reichsfreiherr von Erthal, ließ die Parkanlagen Schönbusch, Schöntal, Fasanerie und Schlossgarten errichten, die noch heute Touristen und Einwohnern Erholung und Entspannung bieten.

04 **Schloss Mespelbrunn**

Runde Türme, hellrote Mauern und Erkerfenster spiegeln sich im blaugrünen Wasser, ein Schwan zieht seine Runden: Das inmitten der Laubwälder des Spessarts malerisch gelegene Wasserschloss Mespelbrunn ist für viele der Inbegriff von Romantik.

Bekannt geworden ist es nicht zuletzt als Schauplatz des Films „Das Wirtshaus im Spessart" von 1958 nach einer Erzählung von Wilhelm Hauff. Die Geschichte von der Liebe zwischen Gräfin und Räuberhauptmann wurde ein Sensationserfolg, das Schloss zur „Perle des Spessarts". Ein Teil ist bewohnt, doch im Nordflügel samt Kapelle finden Führungen statt.

Hamann Echter, Forstmeister im Ritterstand, hatte vom Mainzer Erzbischof hier ein Grundstück geschenkt bekommen. Aus einem kleinen Haus wurde nach und nach die Schlossanlage, ihre heutige Form erhielt sie im 16. Jahrhundert, das Schloss wurde Anfang des 20. Jahrhunderts im Stil der Romantik restauriert.

Der Ort, zu dem das Schloss gehört, hieß zuerst Neudorf, bekam dann wegen der Häufigkeit dieses Namens 1938 den des Schlosses: Mespelbrunn. Erstmals erwähnt wurde er Mitte des 13. Jahrhunderts. Heut lebt man hier vor allem vom Tourismus. Sehenswert ist auch die dreischiffige Wallfahrtskirche im Ortsteil Hessenthal. Sie beherbergt eine Kreuzigungsgruppe von Hans Backoffen und eine Tilman Riemenschneider zugeschriebene „Beweinung Christi". Sie ist zudem Begräbnisstätte der Familie Echter.

Der Bayersturm, benannt nach der Familie Bayer,
die über 200 Jahre den Türmer stellte. In den oberen
zwei Stockwerken ist die Wohnung der Türmerfamilie
zu besichtigen

05 **Lohr am Main**

Es waren einmal zwei Lohrer, die auf die Idee kamen, dass ihre schöne Stadt am Main viel Ähnlich-keit mit der Heimat des schönen Schneewittchens hat. Seit den 1980er Jahren also wirbt Lohr für sich als Schneewittchenstadt. Immerhin hat es ja ein Schloss zu bieten, dessen älteste Teile aus dem 14. Jahrhundert stammen. Gebaut wurde es als Herrschaftssitz der Grafen von Rieneck, später wurde es von den Mainzer Kurfürsten übernommen. Heute beherbergt es das Spessartmuseum, welches sich hauptsächlich mit Wirtschaft und Handwerk, aber auch mit der Geschichte des Spessarts befasst. Ausstellungsstücke wie der „Sprechende Spiegel" stützen dabei die Schnee-wittchen-Theorie. In Lohr war bis 1806 eine bekannte Spiegelglasmanufaktur beheimatet.

Besonders sehenswert in dem 1333 zur Stadt erhobenen Ort ist das in den Jahren 1599 bis 1602 erbaute Alte Rathaus mit breiten Arkaden, unter denen früher Markt gehalten wurde. Der Bayers-turm, das Wahrzeichen der Stadt, war Teil einer Stadtmauer, von der jedoch nicht viel erhalten ist. Die Pfarrkirche St. Michael ist eine spätgotische Kirche, erbaut auf den Fundamenten einiger Vorgängerbauten. Eingebettet sind diese Bauten in die Altstadt, die sich, ebenso wie das Fischer-viertel, als architektonisch geschlossenes Ensemble von Fachwerkhäusern im fränkischen Stil präsentiert. Durch die Straßen der Altstadt führt am Karfreitag die letzte Bilderprozession Deutschlands.

Aus dem hübschen Rahmen Lohrs fällt die drei Meter hohe, moderne Schneewittchen-Skulptur des Künstlers Peter Wittstadt auf dem Platz vor der Stadthalle.

Kellereischloss Hammelburg,
auch Rotes Schloss genannt

06 **Hammelburg**

„Darum kommt ein jeder gern, von nah und fern, zu trinken den herrlichen Wein." Kein Wunder, dass das unterfränkische Hammelburg ein eigenes Weinlied hat, gilt es doch offiziell als „älteste Weinstadt Frankens". Am 7. Januar 777 schenkte Karl der Große sein Königsgut „hamulo castellum" dem Kloster Fulda. Schon in dieser Urkunde werden die Weinberge erwähnt. Seit dem 12. Jahrhundert entwickelte sich der Weinbau im Saaletal zu einem Wirtschaftsfaktor. Die schöne Lage lädt zu einer Wanderung entlang des sechs Kilometer langen Weinlehrpfades ein.

Wahrzeichen der Stadt sind das Rathaus und der 1541 errichtete Marktbrunnen, ferner das Kellereischloss mit seinem idyllischen Schlossweiher. Unweit der Kernstadt liegt das 1649 gegründete Franziskanerkloster Altstadt mit seiner eindrucksvollen barocken Klosterkirche, einer alten Bibliothek und einem sehenswerten Kreuzweg rund um die Anlage. Bekannt ist das westlich über der Stadt thronende Schloss Saaleck. Es mutet an wie eine Burg, wird aber seit dem 14. Jahrhundert Schloss genannt. Der 22 Meter hohe Turm ist zugänglich und bietet von seiner Plattform einen schönen Ausblick auf Tal und Stadt.

Auf den folgenden Seiten:
Kurgarten mit Arkadenbau
Schmuckhof zwischen Regentenbau und Arkadenbau
Wandelhalle im Kurzentrum

07 **Bad Kissingen**

Bad Kissingen ist Kult, zumindest unter Kurbad-Touristen, denn hier kurten schon in vergangenen Zeiten der Hochadel und die Prominenz, darunter Kaiserin Sisi und ihr Gemahl Franz Joseph oder die russische Zarenfamilie. Reichskanzler Otto von Bismarck wäre hier beinahe Opfer eines Attentats geworden – und kam dennoch immer wieder. Später reisten Bundespräsidenten in den stilvollen Ort im Tal der fränkischen Saale am südlichen Rand der Rhön.

Bereits im späten Mittelalter nutzten die Einheimischen das kohlensäurereiche und eisenhaltige Wasser. Ein besonderer Aufschwung begann 1737, als der Apotheker Georg Anton Boxberger gemeinsam mit dem bedeutenden Baumeister Balthasar Neumann die Hauptquelle, nach einem Fürsten aus Siebenbürgen „Rakoczy" genannt, entdeckte.

In der Biedermeierzeit baute Friedrich von Gärtner am Kurgarten den Kursaal und den Arkadenbau. Auf Betreiben Ludwigs I. von Bayern hat er sie in den Formen der florentinischen Frührenaissance gehalten. Im Kurgarten erinnert nahe dem Maxbrunnen ein Denkmal von 1891 an den König. 1911 wurde die Wandelhalle mit dem neubarocken Schmuckhof und 1913 der Regentenbau eröffnet. Mitte des 19. Jahrhunderts wurde Bad Kissingen zum Weltbad. Heute erfreuen sich immer noch Tausende Gäste jährlich an den Thermen, dem Rosen- und Kurgarten, bummeln über den schmucken Marktplatz oder genießen den Blick vom Wittelsbacher Turm auf die Stadt.

Großes Bild: Heilige Maria Magdalena mit Haarkleid. Altarbild von Tilman Riemenschneider

Kleines Bild: Vollständig aus der Bauzeit um 1500 erhalten: das Heimatspielhaus

08 **Münnerstadt**

Das unterfränkische Münnerstadt, einer der schönsten Orte in der Röhn, zeichnet sich durch mittelalterliches Flair und kunsthistorische Schätze aus. Zuerst genannt seien hier der gotische Tilman-Riemenschneider-Altar von 1492 und die Tafelbilder mit der Kilianslegende, die Veit Stoß im Jahr 1504 für die Stadtpfarrkirche St. Maria Magdalena schuf. Die Klosterkirche St. Michael präsentiert sich in fränkischem Rokoko und nebenan im Novizengarten findet sich Bayerns ältester Bildstock. Die Stadtmauer mit Jörgentor und Oberem Tor ist noch weitgehend intakt. Ältestes Stadttor aber ist der Dicke Turm. Das Untere Tor wurde bei Kriegsende von den amerikanischen Streitkräften gesprengt, um eine Durchfahrt für deren Panzer zu schaffen.

Zum ersten Mal urkundlich erwähnt wurde Münnerstadt im Jahr 770. Später entwickelte sich der Ort zur befestigten Stadt mit Markt, Stadtgericht, Stadtrat und Stadtsiegel: Kaiser Ludwig der Bayer verlieh Münnerstadt am 3. Juli 1335 das Stadtrecht.

09 Kreuzberg (Rhön)

Wer eine Wallfahrt auf den Kreuzberg macht, folgt einer alten Tradition, gilt dieser doch als der „heilige Berg der Franken". Seit 1620 werden die Pilger hier, 927 Meter über dem Meeresspiegel, von den Franziskanern empfangen. Zu der heiligen Stätte im Naturpark Bayerische Rhön und im Biosphärenreservat kommen bis zu 600.000 Besucher jährlich, an Sommertagen zählt man bis zu 80 Wallfahrer-Gruppen.

Möglicherweise befand sich hier in vorchristlicher Zeit eine heidnische Kultstätte. Der Legende nach soll der heilige Kilian, ein Mönch und Missionar, der später in Würzburg enthauptet wurde, hier ein Kreuz errichtet haben. Der Name Kreuzberg entstand aber erst nach der Errichtung der Golgatha-Gruppe 1582 durch den Würzburger Fürstbischof Julius Echter. Der Kreuzweg im heutigen Zustand stammt aus dem Jahr 1710. Der Weg zu den drei Kreuzen führt entweder über eine steinerne Treppenanlage oder über den Kapellenkreuzweg mit 14 Stationen.

Das Kloster wurde in den Jahren von 1681 bis 1692 erbaut, die Klosterkirche ist eine typische franziskanische Anlage ohne Turm. Über dem Barockportal ist das dreiteilige Allianzwappen der Würzburger Fürstbischöfe, der Bauherren der Kirche, angebracht. Das Innere ist ein schlichter Saalbau mit vier Jochen.

Bereits 1731 entstand die alte Brauerei. Seitdem wird auf dem Kreuzberg Bier gebraut. Das historische Brauhaus wurde 1954 erneuert. Seit 1990 wird der Gerstensaft mit vollautomatisierten neuen Anlagen hergestellt.

10 Ostheim

Der kleine Luftkurort Ostheim vor der Röhn wurde 1586 zur Stadt erhoben. 1780 und 1782 besuchte Johann Wolfgang von Goethe auf einer Dienstreise den Ort. Erst 1945 kam Ostheim von Thüringen zu Bayern.

Hauptattraktion ist die gut erhaltene Kirchenburg am nördlichen Rand des Städtchens mit ihrem doppelten Mauerring, den Wehrgängen und fünf Türmen auf einer Fläche von 0,6 Hektar. Sie ist die größte Deutschlands, seit 2003 ein Denkmal „von nationaler Bedeutung". Die etwa 1400 begonnene Anlage steht an einer schon zur Keltenzeit benutzten Handelsstraße. Der Bau der Kirchenburg gelang ohne Unterstützung von geistlichen und weltlichen Herren und auch für den Unterhalt sorgten die Ostheimer selbst. Bei kriegerischen Auseinandersetzungen fanden die Bürger hier Sicherheit. Zur Bauzeit wurde mit Bogen und Armbrust gekämpft, davon zeugen noch die senkrechten Schießscharten. Wer kämpft, muss auch essen. Daher gibt es innerhalb der Burg Gewölbekeller mit sogenannten Gaden, sichere Aufbewahrungskeller für Rüben, Obst, Most und andere Lebensmittel. Sie dienen auch heute noch diesem Zweck.

Das Herz der Kirchenburg bildet die im Renaissancestil 1615 bis 1619 erbaute Kirche St. Michael, eine der ersten nach der Reformation entstandenen Lutherischen Predigtkirchen, die rund tausend Gläubigen Platz bietet. Besucher richten ihr Augenmerk auf den prunkvollen Haupteingang, auf das Holztonnengewölbe, 1619 von Nikolaus Storant bemalt, ferner auf die Adelsgräber, die steinerne Kanzel und den Taufstein.

Großes Bild: Museum Georg Schäfer
Kleines Bild: Pfarrkirche Heilig Geist

11 Schweinfurt

Industrie und Kultur, in diesem Spannungsfeld bewegt sich Schweinfurt, die „Kugellagerstadt". Dieser Industriezweig gab und gibt vielen Menschen Arbeit. Im Zweiten Weltkrieg brachte dies die Hafenstadt am Main jedoch in den Fokus der Alliierten, ein großer Teil wurde zerstört. Nach dem Krieg war Schweinfurt US-Garnisonsstadt, zuletzt mit 4.000 Soldaten. Auf dem ehemaligen Kasernengelände entsteht nun unter anderem ein Uni-Campus.

Schweinfurt wird Ende des 8. Jahrhunderts erstmals als „Suuinfurtero" erwähnt. Im 10. Jahrhundert war die Siedlung im Besitz der mächtigen Markgrafen von Schweinfurt. Nach deren Aussterben geriet sie 1112 an das Hochstift Eichstätt, das diesen Außenposten 1263 an den Deutschen Orden abgab. 1282 bestätigte König Rudolf von Habsburg Schweinfurt die Reichsfreiheit.

1542 wurde die Reformation eingeführt. Zwölf Jahre später wurde die Stadt zerstört, nachdem sich Markgraf Albrecht Alcibiades im Zweiten Markgräflerkrieg dort verschanzt hatte. Die wieder erstandene Reichsstadt konnte im Umkreis nur ein kleines Territorium aufbauen, das 1814 endgültig an Bayern fiel. Im Renaissancebau des Alten Gymnasiums von 1582 bewahrt das Stadtgeschichtliche Museum Darstellungen regionaler Bürgerkultur und Zeugnisse der frühen Industrialisierung Schweinfurts auf, etwa das erste Tretkurbel-Fahrrad und eine Kugelmühle.

12 **Kloster Ebrach**

Das Kloster Ebrach setzt einen großartigen Akzent im gleichnamigen Bachtal des Steigerwaldes, umgeben von ausgedehnten Laubwäldern, die nach Westen schon an Weinberge grenzen. Ebrach wurde 1127 als älteste Zisterzienserabtei Frankens gegründet. Ein Eber hatte Mönchen den Ort für die Gründung gezeigt, indem er ihnen den Abtsstab entriss und fallen ließ – so die Legende.

Notre-Dame in Paris soll Vorbild gewesen sein für die Rosette mit zwölf Metern Durchmesser über dem Westportal. Auch sonst weist die prächtige Abteikirche viel Sehenswertes auf: eine erst vor Kurzem sanierte, prächtige klassizistische Innenausstattung, mehr als 50 Fenster und 26 Altäre. Sehenswert sind auch der Prospekt der Rokoko-Orgel aus dem Jahr 1743 sowie das Chorgestühl und der Hochaltar aus den Jahren 1778 bis 1780.

1200 begann Abt Hermann I. den Bau der Abteikirche, die 1285 vollendet wurde. Baumeister war unter anderem Johann Leonhard Dientzenhofer. Die beeindruckende, 88 Meter lange Kirche gilt als eines der schönsten Baudenkmäler der frühgotischen Baukunst. Das Kloster wurde 1803 während der Säkularisierung aufgelöst, der Ort kam durch den Reichsdeputationshauptschluss zu Bayern. Seit 1851 dienen die Klostergebäude als Strafanstalt beziehungsweise Justizvollzugsanstalt. Die Kirche aber kann besichtigt werden.

13 Volkach

Volkach liegt privilegiert inmitten von Weinbergen an der Mainschleife und zieht viele Touristen an. Genießen kann man hier aber nicht nur die Schönheit von Architektur und Natur, sondern auch fränkische Kost und fränkischen Wein.

Volkach besitzt eine geschlossene Altstadt mit zwei Stadttoren aus dem 13. Jahrhundert. Das Rathaus im Stil der Renaissance stammt von 1544, auf dem Marktplatz befindet sich ferner ein Brunnen mit einer Marienfigur von 1480.

Interessant ist aber auch die Umgebung: Zwischen Volkach und Gerlachshausen kürzen Schiffe ihre Fahrt auf dem Main ab und nehmen einen Kanal. Dieses Gewässer umschließt zusammen mit dem Mainbogen die Weininsel – das beschauliche Hinterland Nordheims. Vögelein und Kreuzberg heißen die Nordheimer Lagen, zumeist mit den fränkischen Rebsorten Silvaner und Müller-Thurgau bepflanzt.

Nicht versäumen darf man die im 14. und 15. Jahrhundert erbaute Wallfahrtskirche Maria im Weingarten, zu der früher von der Stadt ein Kreuzweg führte. Ziel der Wallfahrer ist eine schlichte Pieta aus dem späten 14. Jahrhundert. Die Kirche beherbergt zudem mit der 1521 bis 1524 entstandenen schwebenden Madonna im Rosenkranz ein Holzbildwerk Tilman Riemenschneiders.

Mainschleife bei Volkach mit Blick auf Astheim im Vordergrund und Nordheim (links hinten)

Auf den folgenden Seiten: Festung Marienberg über dem Main
Deckenfresko im Treppenhaus der Residenz: Apollo und die Kontinente
Die Altstadt mit Dom St. Kilian, Rathaus, sogenanntem Grafeneckart und Neumünster
Residenz, Fassade Gartenansicht

14 Würzburg

Die fränkische Weinhochburg Würzburg besticht durch vielfältige Attraktionen, obwohl sie im Zweiten Weltkrieg eine der am stärksten beschädigten Städte Deutschlands war. Am 16. März 1945 wurden durch die Royal Air Force binnen 17 Minuten 90 Prozent der Innenstadt zerstört, 5.000 Menschen kamen ums Leben. Ein Modell der komplett zerstörten Innenstadt ist in der ständigen Gedenkstätte im romanischen Alten Rathaus zu sehen, das um 1200 errichtet wurde und ursprünglich als Wohnturm der bischöflichen Burggrafen diente.

Am Ende der Domstraße steht der Dom St. Kilian, dessen Anfänge ins 11. Jahrhundert zurückreichen. Die schmucklose Architektur des Kirchenäußeren sollte Besucher nicht über die sehenswerte Ausstattung hinwegtäuschen, die mit Werken unter anderem von Tilman Riemenschneider glänzend bestückt ist. Unmittelbar neben dem Dom erfreut die großartige Barockfassade des Neumünsters den Besucher. Hier ruht Walther von der Vogelweide, einer der ersten deutschen Dichter, im „Lusamgärtchen", dem ehemaligen Kreuzgang. Der erhaltene Kreuzgangflügel hingegen ist ein bedeutendes Relikt aus der Stauferzeit.

Kunstgeschichtlicher Höhepunkt Würzburgs ist zweifellos die Residenz, ein Hauptwerk des Barock, in der ersten Hälfte des 18. Jahrhunderts unter der Leitung von Balthasar Neumann errichtet. Im Inneren des seit 1981 als UNESCO-Weltkulturerbe geführten Baus sind besonders das Treppenhaus und der Kaisersaal sehenswert, jeweils mit Deckenfresken des Venezianers Giovanni Battista Tiepolo. Die Einfahrtshalle (Vestibül) wurde so konstruiert, dass bis zu sechsspännige Kutschen vorfahren konnten.

Das bekannteste Wahrzeichen der Stadt befindet sich allerdings auf der gegenüberliegenden Mainseite. Von Weinhängen umgeben erhebt sich dort die Festung Marienberg, ein gewaltiger Bau, der vor allem nach Westen hin, wo der Berg flach abfällt, mit massiven Festungsanlagen und drei hintereinander gekoppelten Toranlagen versehen ist. In Sichtweite erstrahlt ein weiteres Kunstwerk von Balthasar Neumann, die reich ausgestattete Wallfahrtskirche „Käppele". Zu ihr führt ein malerischer Stationsweg mit lebensgroßen Figurengruppen.

15 Veitshöchheim

Die einen denken an den wunderbaren Rokokogarten des Schlosses, die anderen an die Fasnacht aus Franken: Für beides ist Veitshöchheim, die 10.000-Einwohner-Stadt am Main, in die viele Touristen von Würzburg aus mit dem Schiff reisen, berühmt.

Von 1702 an wurde die ursprüngliche Fasanerie des Schlosses Veitshöchheim in einen repräsentativen Garten umgewandelt. Die noch heute bestehenden Balustraden, Mauern, Wege und Seen wurden unter Fürstbischof Johann Philipp von Greiffenclau angelegt. Es folgten die Figurenzyklen von Ferdinand Tietz. Die heute bestehende differenzierte Ausgestaltung des Gartens entstand von 1763 an in der Zeit von Fürstbischof Adam Friedrich von Seinsheim. Nach dessen Tod wurde die Bedeutung des Gartens lange Zeit nicht erkannt, erst in den 1950er Jahren begann eine Rückführung in den Rokoko-Zustand von 1779. Das Schloss, von 1680 bis 1682 erbaut, war Sommerschloss der Würzburger Fürstbischöfe. Es wurde 1753 nach Plänen von Balthasar Neumann vergrößert. Von 1806 bis 1814 wurde das Schloss in den Sommermonaten von Großherzog Ferdinand von Toskana bewohnt, später war es Sommerschloss der Wittelsbacher. Seit der Restaurierung von 1931/32 ist es als Museum zugänglich.

Besichtigen sollte man aber auch das Rathaus, ebenfalls von Balthasar Neumann geplant, und die Veitshöchheimer Synagoge, die 1938 zwar Feuerwehrstandort wurde, inzwischen aber wiederhergestellt ist. Es gibt ferner ein Jüdisches Kulturmuseum. Die Pfarrkirche St. Vitus wurde 1691 eingeweiht. Interessant ist auch der Bahnhof, 1853/54 unter König Maximilian II. von Bayern erbaut: Er hat einen Empfangs-Pavillon, in dem heute die Bibliothek untergebracht ist.

Neues Rathaus mit Monduhr

16 Ochsenfurt

Schmucke Fachwerkhäuser prägen das Bild des Städtchens Ochsenfurt, umgeben von fruchtbaren Weinbergen, durch die auch der Mainradweg führt. Die Stadt Ochsenfurt, 725 das erste Mal urkundlich erwähnt, blieb von 1295 an mehr als ein halbes Jahrtausend im Besitz des Würzburger Domkapitels. Dieses sorgte für eine Ummauerung mit hohen, vierkantigen Ecktürmen. Ringmauer, Zwingermauer und Stadtgraben sind bis heute erhalten. Das Rathaus betont mit seiner Breitseite das Südende der Hauptstraße. In der Mitte der Fassade steigt ein Uhrtürmchen auf: Bei voller Stunde dreht der Tod eine Sanduhr um, es rennen zwei Ochsen gegeneinander und im untersten Geschoss fliegen Butzenscheiben auf, damit zwei Ratsherren ihrem Bürgermeister zuhören können.

Der Turm der Stadtpfarrkirche St. Andreas besitzt romanische Untergeschosse. Das im 14. Jahrhundert vollendete Kirchenschiff ist gotisch. Kostbarkeiten sind das Chorgestühl aus dem 15. Jahrhundert, das Sakramentshäuschen, ein bronzenes Taufbecken und ein „St. Nikolaus" – wahrscheinlich von Meister Tilman Riemenschneider. Die nahe Michaelskapelle hat im Untergeschoss ein Beinhaus, im Obergeschoss einen gotischen Andachtsraum. Wer sich für Brauchtum interessiert, ist im Trachtenmuseum gut aufgehoben.

17 Kitzingen

Nicht in Mainz oder Köln, sondern in Kitzingen am Main befindet sich das Deutsche Fastnacht-museum. 2013 an der Luitpoldstraße neu eröffnet, lässt es mit Projektionen und einer Sound-Inszenierung die Figuren und Masken lebendig werden. Zuvor war es im 1469 bis 1496 erbauten Falterturm untergebracht. Dieser „schiefe Turm von Kitzingen" gilt als das Wahrzeichen der Stadt. Gerüchteweise soll die Turmspitze schief sein, weil die Bauarbeiter den Mörtel mit Wein aus der schönen Umgebung vermischten oder selbst zu tief ins Glas geschaut haben. Tatsächlich aber hat sich das Gebälk gesenkt. Der Turm wurde im 15. Jahrhundert als ein Teil der äußeren Stadtbefesti-gung errichtet. Von dieser ursprünglich mehr als 30 Türme umfassenden Wehranlage sind Reste erhalten, darunter neben kurzen Mauerzügen neun Türme, einige davon in Häuser integriert.

Seine Bedeutung verdankt Kitzingen ursprünglich der alten Mainbrücke, die es auch im Stadt-wappen trägt. Brücke und Stadt wurden 1300 erstmals erwähnt. Von 1408 an gehörte die Stadt zum Bistum Würzburg, dann zur Markgrafschaft Brandenburg-Ansbach. Der Wiedererwerb durch Würzburg im 17. Jahrhundert brachte eine Rekatholisierung, die mehr als tausend protestantische Bürger zur Emigration zwang. Erst 1650 wurde den Protestanten Religionsfreiheit gewährt.

Am 23. Februar 1945 forderten amerikanische Bombenangriffe mehr als 700 Tote, die Stadt wurde schwer getroffen. Vieles in der historischen Altstadt ist längst wieder aufgebaut. Mittelpunkt ist der Marktplatz mit Fachwerkhäusern, Bürgerhäusern und einem Renaissance-Rathaus des Werk-meisters Eckhart von Schaffhausen, das 1563 vollendet wurde. Wichtige Bauwerke sind die Stadt-kirche Petrini mit ihrem mächtigen Barock-Portal, die spätgotische Kirche St. Johannes und die Kreuzkapelle von Balthasar Neumann im Stadtteil Etwashausen, deren Grundriss den früheren Fünfzigmarkschein zierte.

18 Iphofen

Ein Bilderbuchstädtchen, umgeben von Weinbergen, deren Früchte die Winzer zu besonderen Tropfen ausbauen. Iphofen ging aus einem im 8. Jahrhundert angelegten fränkischen Königshof hervor. Erstmals urkundlich erwähnt wurde es 741. Im Jahr 1293 erhielt Iphofen die Stadtrechte vom Bischof von Würzburg. Nach dieser Zeit entstand die noch bestens erhaltene Stadtbefestigung mit ihren Türmen und Toren. Das malerische Rödelseer Tor wurde in den Jahren von 1455 bis 1466 gebaut, es ist das älteste, gefolgt vom Mainbernheimer Tor, das 1548 fertiggestellt wurde. Es folgten das Einersheimer Tor und das seit 1596 wieder zugemauerte Pesttor. Zur Stadtmauer gehören auch der Mittagsturm, der Bürgerturm, der Eulen- und Henkersturm sowie der Zehntkeller. Auch im Zweiten Weltkrieg blieb die Stadt vor Zerstörungen verschont, Iphofen war Lazarettstadt.

Die Kirche St. Vitus enthält einige Kunstschätze, darunter eine gotische Madonna, die „Schöne Madonna von Iphofen", und eine Statue von Johannes dem Evangelisten, geschaffen von Tilman Riemenschneider.

1932 war die Firma Knauf Gips gegründet worden, der Iphofen auch sein Knauf-Museum im ehemaligen fürstbischöflichen Rentamt verdankt, eine Sammlung von Reliefs der großen Kulturepochen.

Der Schöne Brunnen mit Rokokohaus und
Turm der Seekapelle

19 Bad Windsheim

Freilichtmuseum oder Franken-Therme: Die meisten Besucher des schmucken Städtchens Bad Windsheim an der Aisch steuern beides an. Älter ist das Museum, das seit 1982 unter freiem Himmel im Süden der Altstadt eine Zeitreise durch 700 Jahre fränkische Alltagsgeschichte bietet. Rund hundert Gebäude, Höfe, Scheunen, Ställe, eine Kräuterapotheke und ein alter Bauhof wurden originalgetreu wiederaufgebaut und mit aller Liebe zum Detail, bis hin zu den roten Geranien vor den Fenstern, ausgestattet. Es gibt dort Sonderausstellungen, Märkte, Feste, Freilichttheater.

Nach dem ausgiebigen Spaziergang lockt die 2005 eröffnete Therme, deren Besonderheit der angeblich europaweit größte ganzjährig beheizte Salzsee ist, der 750 Quadratmeter misst. Eine erste Mineralquelle war Ende des 19. Jahrhunderts entdeckt worden. Mit Beginn des 20. Jahrhunderts hat sich ein fester Kurbetrieb etabliert. Seit 1961 darf sich die Stadt „Bad" nennen.

Die Siedlung Bad Windsheim, aus einem Königshof entstanden, kam 741/42 ans Bistum Würzburg. Nach 1200 legte das Hochstift Würzburg den Ort zum Schutz seines Besitzes an. 1280 zur Stadt erhoben, war Windsheim bereits vom Ende des 13. Jahrhunderts an eine freie Reichsstadt und wurde mit einem Mauerring umgürtet. 1810 fiel Windsheim an Bayern; im 19. Jahrhundert wurde die Befestigung abgebrochen. Am Marktplatz sind archäologische Fundstellen zur früheren Stadtgeschichte durch Glaskuppeln einsehbar. Sehenswert sind auch das Rathaus, ein schlossartiger Barockbau, und die evangelische Stadtpfarrkirche St. Kilian.

Auf den folgenden Seiten:
Plönlein mit Sieberstor und Kobolzeller Tor
Riemenschneideraltar in der Stadtkirche St. Jakob
Rödergasse mit Röderbogen und Markusturm
Rathaus
Marktplatz

20 Rothenburg ob der Tauber

Betritt man die Stadt Rothenburg ob der Tauber, wird man sofort vom mittelalterlichen Charakter des Ortes mitgerissen. Die Altstadt ist geprägt von ihren vielen verschachtelten Gässchen und kleinen Plätzen, umstanden von Fachwerkhäusern. Geht man die Herrengasse entlang auf das Rathaus zu, zieht dessen Renaissance-Fassade die Blicke auf sich. Der Bau hat einen barocken Arkadenvorbau und einen 60 Meter hohen Glockenturm, an dessen Fassade die Meistertrunk-Uhr hängt.

Das Baumeisterhaus, Werk und Wohnhaus des Steinmetzen Leonhard Weidmann, befindet sich in der Oberen Schmiedgasse, gleich unterhalb des Marktplatzes, und zählt mit seiner Renaissance-Fassade und dem herrlichen Innenhof wohl zu den schönsten Patrizierhäusern Rothenburgs. Heute wird es als Café genutzt. An der Fassade können in plastischen Darstellungen die sieben Tugenden sowie die sieben Laster bewundert werden.

Bemerkenswert sind auch die alten Stadttore. Das Burgtor entstand etwa in den Jahren von 1460 bis 1470. Das einflügelige Holztor mit Schlupfpförtchen stammt aus dem Jahr 1555. Diese kleine Türe im inneren Torflügel – ein Durchstieg für nur eine Person – wird auch Nadelöhr genannt. So brauchte man nachts die großen Tore nicht zu öffnen. Das Außentor ist wappengeschmückt und wird von dem spitzgiebeligen Wach- und Zollhäuschen flankiert. Am mittleren Torbau sind noch die Öffnungen für die Ketten der Zugbrücke zu sehen und die Maske, durch deren Mundöffnung heißes Pech auf Angreifer geschüttet werden konnte.

Links: Bürgerhäuser aus dem 18. Jahrhundert in der Platenstraße
Oben: Martin-Luther-Platz mit St. Johannis
Großes Bild: Stadtpfarrkirche St. Gumbertus

21 Ansbach

Seinen Reichtum an historischen Sehenswürdigkeiten verdankt die Markgräfliche Residenzstadt und Regierungshauptstadt von Mittelfranken 1.250 Jahren ereignisreicher Geschichte. Das Wahrzeichen der Stadt ist die Dreiturmfassade der Stadtpfarrkirche St. Gumbertus.

Ein weiteres Highlight ist die Markgräfliche Residenz, in der einst die Markgrafen zu Brandenburg-Ansbach Hof hielten. Unter den 27 Prunkräumen sticht besonders der hohe Festsaal mit den Stuckmarmorwänden und prächtigen Deckenbemalungen hervor. Aber auch das Spiegelkabinett und der Kachelsaal mit seinen Tausenden Fliesen (aus der eigenen Ansbacher Manufaktur) machen die Residenz zu einem unvergesslichen Baudenkmal. Zusätzlich kann die Bayerische Staatssammlung mit Ansbacher Fayence und Porzellan aus der markgräflichen Manufaktur des 18. Jahrhunderts und eine Sammlung mit Meißner Porzellan besichtigt werden.

Das Münster Heilsbronn, ehemals Zisterzienser-
kloster, aus dem 12. Jahrhundert

22 Heilsbronn

Heilsbronn im Herzen Mittelfankens verdankt seinen Ursprung einer bedeutenden Klostergrün-
dung durch Bischof Otto I. von Bamberg im Jahr 1132. Das Kloster wurde neun Jahre später von den
Ebracher Zisterziensermönchen übernommen. Es entfaltete hohe geistliche und wirtschaftliche
Kraft. Alle deutschen Kaiser waren hier zu Gast. 1578 starb der letzte Abt Melchior Wunder, das
Kloster wurde aufgelöst.

Das Münster wurde von 1132 bis 1139 als romanische Basilika errichtet. Es erlebte zahlreiche Um-
bauphasen. Von 1263 bis 1284 wurde der Ostchor erweitert, da die Zahl der Mönche angestiegen
war. Die Burggrafen von Nürnberg konnten vom 13. Jahrhundert an die Schutzherrschaft über
Heilsbronn gewinnen und machten das Münster zur Grablege für sich und die nachfolgenden
Markgrafen. Als Bestattungsort für die Hohenzoller, aber auch für Adelige aus der Umgebung
wurde von 1412 bis 1433 das Mortuarium gebaut, das verbreiterte südliche Seitenschiff mit einem
herrlichen Spitzbogengewölbe auf vier schlanken Säulen, auch „Schlafkammer des fränkischen
Adels" genannt.

Markantes Wahrzeichen Heilsbronns ist der Katharinenturm, der entweder Überbleibsel der früheren Katharinenkapelle ist oder in den Jahren von 1770 bis 1774 auf deren Grundmauern errichtet
wurde. Darin befindet sich ein Musikinstrumentenmuseum.

23 **Dinkelsbühl**

1188 wurde die Ortschaft zum ersten Mal urkundlich in einer Schenkung Kaiser Barbarossas erwähnt. Im 14. Jahrhundert brachte es die Stadt durch das Wolltuchgewerbe zu beträchtlichem Wohlstand. Mit dem 1499 fertiggestellten Bau der St.-Georgs-Kirche entstand das herausstechendste Wahrzeichen der Stadt. Die spätgotische Kirche ist mit ihrem romanischen Turmportal eine der schönsten Hallenkirchen Süddeutschlands und prägt bis heute das Erscheinungsbild der Altstadt.

Vor der beeindruckenden Kulisse des Alten Rathauses mit Löwenbrunnen findet das alljährliche Festspiel „Kinderzeche" statt. Es erinnert daran, dass – der Legende nach – ein Kindermädchen mit einer Schar Kinder die schwedischen Belagerer milde stimmen konnte und so die Stadt im Dreißigjährigen Krieg vor Plünderung und Zerstörung bewahrt hat.

1806 kam Dinkelsbühl zu Bayern. Im Jahr 1826 verhinderte eine Verordnung König Ludwigs I. von Bayern den Abbruch der Mauern und Türme, sodass bis heute vier Stadttore und weite Teile der Wehranlagen noch im Originalzustand erhalten sind. Ende des 19. Jahrhunderts entdeckten schließlich Maler aus Berlin und München das mittelalterliche Städtchen, das bis heute Inbegriff der deutschen Romantik ist.

24 Burg Pappenheim

Die Gründung der Siedlung Pappenheim lässt sich auf die Zeit um 750 datieren. Die im 9. Jahrhundert errichtete Galluskirche ist nicht nur Pappenheims ältestes noch stehendes Bauwerk, sondern auch eines der ältesten in Franken.

Als Residenzstadt wurde Pappenheim zum regionalen Mittelpunkt und neben vielen Privilegien der Reichserbmarschälle wie Halsgericht und Judenschutz hatte die Stadt auch das Asylrecht. 1634 wurde Pappenheim von den Schweden belagert. Die Burg musste nach tapferem Widerstand erst nach einem Artillerietreffer auf die Brunnenstube übergeben werden. Sie spielte noch einmal 1705 im Spanischen Erbfolgekrieg kurz eine Rolle und wurde von französischen Truppen eingenommen und beschädigt. Danach zerfiel sie zusehends und wurde Anfang des 19. Jahrhunderts in eine romantische Ruine umgewandelt, die eher dem Zeitgeschmack entsprach.

Bekannt ist der Name der Stadt vor allem durch den Ausspruch des Feldherrn Wallenstein in Schillers Drama „Wallensteins Tod": „Ich kenne meine Pappenheimer." Er sagt dies anerkennend zu einer Abordnung der Kürassiere unter Gottfried Heinrich Graf zu Pappenheim, die ihn fragen, ob das Gerücht über Verhandlungen mit den Schweden wahr sei.

Großes Bild: Fünfeckturm mit Stadtkirche St. Andreas
Ellinger Tor, rechts davon der Turm von St. Andreas

25 **Weißenburg**

Nicht nur wegen der weitgehend erhaltenen Stadtmauer und dem zum Teil noch mit Wasser gefüllten Graben fühlt man sich in Weißenburg in längst vergangene Zeiten zurückversetzt. Spätmittelalterliche Fachwerkhäuser und barocke Bürgerhäuser dominieren das Stadtbild. Geht man über die Brücke, den Stadtgraben unter sich, aufs Ellinger Tor zu, glaubt man sich auf den Spuren von Rittern und Handelsleuten. Das mächtige Tor ist das einzige erhaltene Stadttor aus der ehemaligen Befestigung der Stadt. Der massige Hauptturm wurde im 14. Jahrhundert erbaut und im frühen 16. Jahrhundert durch das steinerne Vorwerk und die beiden Seitentürme ergänzt. Drei prächtige Wappen prangen an der Front des Tors: rechts das erste reichsstädtische Wappen, links das (bis heute unveränderte) Stadtwappen und in der Mitte das Reichswappen.

Ein weiterer Blickfang ist das gotische Rathaus. Die steinerne Fassade mit dem Türmchen ist ebenso schlicht wie elegant und fügt sich als Kleinod nahtlos ins mittelalterliche Stadtbild. Die Geschichte der Stadt reicht aber noch über das Mittelalter hinaus, bis in die Antike zurück. Bereits die Römer siedelten hier. Das teilrekonstruierte Kastell Biriciana, die römischen Thermen und der deutschlandweit umfangreichste römische Schatzfund machen Weißenburg zur Römerstadt ersten Ranges. Vor allem das Nordtor des Kastells wird dem Besucher in Erinnerung bleiben.

All das wird überragt von der Wülzburg, die östlich von Weißenburg auf einer 600 Meter hohen Bergkuppe thront. Die massive Renaissancefestung mit ihren gewaltigen Mauern, Gräben und dem Prunktor – das seinem Namen alle Ehre macht – ist einmalig in Deutschland und rundet die Zeitreise Weißenburg spektakulär ab.

Kleines Bild: Pleinfelder Tor
Großes Bild: Deutschordenschloss

26 Ellingen

Ellingen, das Städtchen zwischen dem Fränkischen Seenland und dem Naturpark Altmühltal, wird als „Perle des Fränkischen Barock" bezeichnet. Kein Wunder, besitzt es doch rund 140 denkmalgeschützte Gebäude in und um seine schmucke Altstadt mit Rathaus und Pfarrkirche und ganz besonders in der Neuen Gasse, die von 1749 an angelegt wurde.

Der Ellinger Barockrundweg aber nimmt seinen Ausgang am wichtigsten Bauwerk, dem monumentalen Deutschordenschloss mit fürstlichem Brauhaus und Schlosspark, erbaut von 1711 an. Der Deutschorden war neben Templern und Johannitern einer der mächtigsten Ritterorden, die meisten seiner Ordensritter stammten aus Franken. Im Jahr 1815 wurde das Schloss Ellingen Residenz des Feldmarschalls Carl Philipp Fürst von Wrede. In dieser Urkunde ist zum ersten Mal von Ellingen als Stadt die Rede. Im Schloss, das heute dem Freistaat Bayern gehört, finden sich Ausstellungen zum Deutschen Orden und das Kulturzentrum Ostpreußen. Von der früheren Innenausstattung sind Deckengemälde, Wandvertäfelungen, Fußböden und vor allem die Stuckaturen von Franz Joseph Roth erhalten.

Sehr viel früher waren aber auch schon die Römer in der Gegend: Davon zeugen die Reste des Kastells Ellingen oder Castellum Sablonetum aus frühhadrianischer Zeit etwa 700 Meter östlich der Stadt und unweit des Limes, des Grenzwalls des Römischen Reichs. Die Anlage zählt zum UNESCO-Weltkulturerbe. Funde von dort sind im Römermuseum in Weißenburg zu sehen.

27 **Greding**

Für Greding, die südöstlichste Stadt von Mittelfranken, lohnt sich ein Abstecher von der A 9, die an dem schmucken mittelalterlichen Städtchen eine Ausfahrt hat. Und das nicht nur wegen ihrer hervorragend erhaltenen, 1.250 Meter langen Stadtmauer mit den 20 Wehrtürmchen und den immer noch genutzten drei Toren. Die Geschichte Gredings beginnt mit einem Königshof. Dieser wurde 1064/65 erstmals urkundlich erwähnt, muss aber wie schon die Urpfarrei St. Martin einige Jahrhunderte früher bestanden haben.

Am Marktplatz kann das barocke Rathaus von 1699 und an der Ecke zur Nürnberger Straße das drei Jahre zuvor entstandene Fürstbischöfliche Schloss bestaunt werden, allerdings nur von außen, da es sich in Pivatbesitz befindet. Das Highlight aber ist die ehemalige Pfarr- und jetzige Friedhofskirche St. Martin mit der sich anschließenden Michaelskapelle aus dem 12. Jahrhundert, die ein Beinhaus, einen sogenannten Karner beherbergt. St. Martin ist eine romanische Basilika, die sich an der höchsten Stelle der Altstadt erhebt – dort, wo der alte Siedlungskern zu suchen ist. Sie enthält ganz ursprüngliche Wandmalereien, Heiligenfiguren aus dem 14. Jahrhundert und einen romanischen Taufstein.

28 Schwabach

Schwabach glänzt: Die kleine Stadt direkt südlich der Metropole Nürnberg steht seit mehr als 500 Jahren im Zeichen des Goldes. Anfang des 20. Jahrhunderts gab es mehr als 120 Goldschlägerbetriebe, das feine Edelmetall wurde in alle Welt exportiert und ziert sogar den Buckingham Palace in London oder das Innere des Invalidendoms in Paris. Noch gibt es etwa eine Handvoll Betriebe, die das seltene Handwerk ausführen. Auch die eigene Stadt wurde golden veredelt, genannt seien der von Kurt Severin und Max Friese gestaltete Goldene Saal des Rathauses, für den man 14.000 Blatt brauchte, oder dessen zwei Türmchen mit ihren 2.000, von Bürgern gestifteten, vergoldeten Ziegeln. Den Goldschlägern ist zudem ein 1988 entstandener Brunnen gewidmet.

Der Marktplatz oder Königsplatz Schwabachs mit seinen restaurierten und blumengeschmückten Fachwerk- und Bürgerhäusern gehört zu den schönsten Frankens. Geprägt ist er vor allem vom 1528 erbauten und im Lauf der Jahrhunderte immer wieder veränderten Rathaus und der dicht dahinter stehenden Stadtkirche St. Johannes und St. Martin. In dieser befindet sich der Schwabacher Altar, ein Hochaltar aus der Werkstatt von Michael Wolgemut, dem Lehrer Albrecht Dürers. Sehenswert in Schwabach ist ferner die Synagogengasse, die von der einstigen Vielfalt jüdischen Lebens zeugt. Viele historische Gebäude wie etwa die Synagoge oder das Rabbinerhaus sind erhalten.

2017 konnte Schwabach seinen 900. Geburtstag feiern: Im Jahr 1117 wurde der Ort als „villa Suabach" erstmals urkundlich erwähnt. 1303 wurde Schwabach erstmals als „Markt" bezeichnet und erhielt 1375 die Stadtrechte. 1529 wurden von Philipp Melanchthon unter Mitwirkung Martins Luthers im Gasthaus Goldener Stern am Marktplatz die „Schwabacher Artikel" verfasst, eine frühe Grundlage der evangelischen Konfession.

29 Nürnberg

Handwerk und Handel – zwei Begriffe, die eng mit der Geschichte der Stadt Nürnberg verbunden sind. Im Mittelalter erlangte Nürnberg durch den guten Ruf seines Handwerks sowie durch die günstige Lage an mehreren Handelsstraßen herausragende Bedeutung für das Heilige Römische Reich Deutscher Nation. Ihr Wahrzeichen ist die Kaiserburg, die auf einem Sandsteinhügel über der Stadt thront und einen beeindruckenden Ausblick auf die darunterliegende Altstadt bietet. Sie ist eine der bedeutendsten erhaltenen Wehranlagen Europas und geht in ihrem heutigen Erscheinungsbild weitestgehend auf das 15. Jahrhundert zurück. Zu dem umfangreichen Komplex gehört eine doppelgeschossige Hofkapelle, der besteigbare „Sinwellturm", der Rittersaal und nicht zuletzt der repräsentative Kaisersaal, in dem einst die Kaiser Hof hielten.

Zu den bedeutendsten Sehenswürdigkeiten der Stadt zählen außerdem das ehemalige Wohn- und Arbeitshaus Albrecht Dürers, das Rathaus mit dem Großen Saal aus dem 14. Jahrhundert und die gegenüberliegende Pfarrkirche St. Sebald. Diese Kirche ist Nürnbergs ältestes Gotteshaus und kann unter ihrer ohnehin reichen und erstklassigen Ausstattung ein außergewöhnliches spätgotisches Baldachingrab vorweisen. Dieses sogenannte Sebaldusgrab beeindruckt nicht nur durch seine Ausmaße (4,7 Meter hoch), sondern auch durch die filigrane Machart mit reichem figuralen und ornamentalen Schmuck.

Ein Jahrhundert nach St. Sebald, nach 1350, entstand der Schöne Brunnen auf dem Hauptmarkt. Dass er den Namen zu Recht trägt, wird jeder bestätigen, der schon mal davorgestanden ist. In einer 20 Meter hohen Pyramide aus gotischen Schmuckformen stehen 40 meisterlich gefertigte Steinfiguren gestaffelt übereinander. Sie repräsentieren Propheten, heldenhafte Ritter, die Sieben Freien Künste und vieles mehr.

Auf den folgenden Seiten:
Christkindlesmarkt mit Schönem Brunnen im Vordergund und Frauenkirche im Hintergrund
Blick zur Kaiserburg mit Pfarrkirche St. Sebald
Heilig-Geist-Spital
Stadtpfarrkirche St. Lorenz
Gerichtssaal 600, Ort der Nürnberger Kriegsverbrecherprozesse

Auf der anderen Platzseite lockt die Frauenkirche mit ihrer reich geschmückten Westfassade. Es lohnt sich ein Blick in Frankens älteste Hallenkirche, die um 1360 entstand. Der sogenannte Mariensaal überrascht durch seine harmonische Gliederung in 3 x 3 quadratische Joche und seine qualitätvolle spätmittelalterliche Ausstattung. Zwischen Schönem Brunnen und Frauenkirche findet alljährlich zur Adventszeit der weltberühmte Nürnberger Christkindlesmarkt statt.

St. Lorenz auf der anderen Seite der Pegnitz beeindruckt durch seinen überaus großzügig angelegten Chor. Dieser im 15. Jahrhundert ausgeführte Bauabschnitt beherbergt auch den berühmten „Englischen Gruß", eine aus Lindenholz geschnitzte Verkündigungsgruppe mit Maria und dem Erzengel Gabriel.

Die Stadt an der Pegnitz erlebte ihre Hochphase im 15. und 16. Jahrhundert, konnte ihre Stellung aber nicht auf Dauer halten. Vor allem der Dreißigjährige Krieg hatte verheerende Folgen für die Wirtschaftskraft der Stadt. Mit Beginn des 19. Jahrhunderts entwickelte sich Nürnberg schließlich zu einem der industriellen Zentren Bayerns. Heute ist Nürnberg mit über 500.000 Einwohnern die zweitgrößte Stadt Bayerns.

Während des Zweiten Weltkriegs war die Stadt heftigen Bombardements der Alliierten ausgesetzt. Als „Stadt der Reichsparteitage" war Nürnberg ein bevorzugtes Ziel der Luftangriffe. Von den dunklen Jahren der NS-Zeit gibt das Dokumentationszentrum auf dem ehemaligen Reichsparteitagsgelände Zeugnis. Im Zuge der Kriegshandlungen wurden zahlreiche historische Gebäude zerstört, die nach 1945 wieder aufgebaut wurden. Um noch ein Stück der kleinteiligen mittelalterlichen Bebauung erleben zu können, empfiehlt sich ein Spaziergang über den Henkersteg, wo sich mit Weinstadel und Wasserturm – direkt an der Pegnitz gelegen – ein malerisches Ensemble des alten Nürnberg erhalten hat.

Kleines Bild: Stadttheater von 1902
Großes Bild: Klassizistisches Rathaus von 1850

30 **Fürth**

Fürth ist nicht Nürnberg. Schon 1922 lehnten die Bewohner es ab, sich in die große Nachbarstadt eingemeinden zu lassen. Von der Eigenständigkeit Fürths zeugt sein klassizistisches Rathaus an der Königinstraße. Von 1840 bis 1850 wurde es nach Plänen von Friedrich Bürklein errichtet. Sein Turm, 52 Meter hoch und mit Rundbogenfenstern versehen, ist das Wahrzeichen Fürths und ist dem Palazzo Vecchio in Florenz nachempfunden. Im Erweiterungsbau, der 50 Jahre später entstanden ist, befindet sich der Sitzungssaal mit seiner Neo-Renaissance-Ausstattung. Das Treppenhaus hat marmorierte Arkaden und eine sehenswerte Bemalung. Überall findet sich das Stadtwappen mit seinem dreiblättrigen Kleeblatt wieder.

Ein weiteres prachtvolles Gebäude in der von Kriegsbomben weitgehend verschonten und damit gut erhaltenen Stadt ist das repräsentative Stadttheater, ebenfalls an der Königinstraße, erbaut 1902 von den Wiener Architekten Fellner und Helmer in neobarockem Stil. Reliefs von Mozart und Schiller, Büsten von Beethoven, Wagner, Goethe und Lessing zeugen vom bildungsbürgerlichen Anspruch.

Ganz anders die Comödie Fürth, die in einem Jugendstilbau residiert. Gespielt wird stets in fränkischem Dialekt. Zum zünftigen Bummel eignet sich die Gustavstraße: Einige der Wirtshäuser dort gibt es seit dem 16. Jahrhundert.

Fürth ist aber auch mit den Namen Quelle und Grundig verbunden. Quelle, 1927 von Gustav Schickedanz gegründet, war einst das größte Versandhaus Europas; jetzt befindet sich am früheren Firmensitz das Landesamt für Statistik. Vom Radio- und TV-Hersteller Grundig blieb der Technologiepark Uferstadt Fürth, der mit dem unterhaltsamen und lehrreichen Rundfunkmuseum lockt.

31 **Cadolzburg**

Im Juni 2017 wurde das sehenswerte Museum auf der Cadolzburg im Landkreis Fürth eröffnet. An diesem Ort waren die Hohenzollern einst in den Kreis der Kurfürsten aufgenommen worden, die Burg ist somit ein wichtiger Schauplatz der Geschichte. Dennoch blieb die im Zweiten Weltkrieg schwer getroffene Burganlage lange Zeit ungenutzt, ehe nun hier in einer Ausstellung mit dem Namen „HerschaftsZeiten" Geschichte mittels eines modernen Konzepts erlebbar gemacht wird.

Die ältesten erhaltenen Teile der Feste stammen aus der Zeit um 1250, als die zollerischen Burggrafen von Nürnberg die Cadolzburg zu ihrer Residenz ausbauen ließen. Rund 200 Jahre lang war sie wichtigster Wohnsitz der fränkischen Hohenzollern. Könige und Kaiser waren hier zu Gast. Vor dem Krieg diente die Burg als Verwaltungssitz. Erst in den 1980er Jahren wurde mit dem Wiederaufbau des zerstörten Denkmals begonnen. Heute erscheint die alte Burganlage wieder komplett mit Wehrgang, Folterturm und Burgkapelle.

Kleines Bild: Stadtschloss
Großes Bild: Ehemalige Brauerei

32 Erlangen

Erlangen ist Bayerns kleinste Großstadt. Ihre Geschichte reicht weit zurück und ist wechselvoll: Das Dorf Erlangen kam 1002 an das Stift Haug zu Würzburg, wurde aber schon 1071 vom Hochstift Bamberg eingetauscht und gelangte in den Besitz der Burggrafen von Nürnberg. Mit der Markgrafschaft Bayreuth fiel Erlangen 1792 an Preußen, 1810 an Bayern.

Eine zweite Stadtgründung erfolgte unter Markgraf Christian Ernst. Als sich 1686 die ersten der insgesamt 600 aus Frankreich vertriebenen Hugenotten hier ansiedelten, ließ dieser die „Neustadt" rasterartig anlegen.

Im barocken Stadtbild dominiert das Schloss, das Erbprinz Georg Wilhelm 1700 von dem Italiener Antonio della Porta beginnen ließ. 1703 kaufte sein Vater Christian Ernst den Rohbau und ließ ihn von Gottfried von Gedeler vollenden. 1814 wurde das Schloss durch einen Brand stark beschädigt, 1821 bis 1825 erneuert. Es ist heute Bestandteil der Universität. Im Schlossgarten findet alljährlich am letzten Augustwochenende das Erlanger Poetenfest statt: Im und um den Park locken Lesungen und Diskussionen Tausende Besucher an. Ähnliches gilt auch für die Bergkirchweih, das traditionelle Bierfest auf den Erlanger Kellern. Einen Abstecher lohnen aber auch der Botanische Garten oder das Markgrafentheater, das älteste noch bespielte Barocktheater Bayerns.

Geprägt ist die wirtschaftsstarke Stadt vom Siemens-Konzern, der hier wichtige Sparten wie die Medizintechnik angesiedelt hat. Sichtbar im Stadtbild ist Siemens durch das rote Verwaltungsgebäude „Himbeerpalast" von Hans Hertlein und den Glaspalast von Hans Maurer. Wichtig ist auch die Friedrich-Alexander-Universität Erlangen-Nürnberg, die der Stadt ein junges Flair beschert. Erlangen ist bekannt als äußerst fahrradfreundliche Stadt.

Kleine Bilder links:
Treppenhaus und Schlafzimmer

33 Schloss Weißenstein in Pommersfelden

Pommersfelden im oberfränkischen Landkreis Bamberg beherbergt in seiner Mitte am Dorfweiher die Überreste eines ehemaligen Wasserschlosses und in seinem Ortsteil Sambach ein Jesuitenschloss, das man jedoch nur von außen bewundern kann. Bekannt ist es aber für Schloss Weißenstein, das als eigener Ortsteil im Süden von Pommersfelden liegt.

Fürstbischof Lothar Franz von Schönborn ließ das dreiflügelige Schloss Weißenstein in den Jahren von 1711 bis 1716 vom Bamberger Hofbaudirektor Johann Dientzenhofer erbauen. Der Grundstein wurde am 1. Oktober 1711 gelegt, dem Krönungstag von Kaiser Karl VI. Dieser hatte dem Fürstbischof 100.000 Gulden geschenkt als Dank dafür, dass er sich erfolgreich für seine Wahl eingesetzt hatte. Dem Mittelbau steht der halbrunde niedrigere Marstall gegenüber. Das glanzvolle Barockschloss besitzt ein eindrucksvolles Treppenhaus, einen Spiegelsaal, eine Gartensaalgrotte und eine sehenswerte Gemäldesammlung mit Werken von Dürer, Bruegel, Rubens und Caravaggio. Umgeben ist das Bauwerk von einem englischen Landschaftspark aus dem 19. Jahrhundert.

Jeweils im Juli und August finden im Schloss Konzerte des Collegium Musicum statt. Es treffen sich bis zu 90 junge Musiker aus aller Welt zur Sommerakademie, um vier Wochen lang miteinander zu musizieren und im Marmorsaal des Schlosses mit seinen Säulen und den Pilastern in rotem Stuckmarmor aufzutreten.

34 Forchheim

Forchheim, das westliche Eingangstor der Fränkischen Schweiz, verbindet Historie und Brauchtum mit fränkischer Lebensart. Im Stadtkern mischen sich die Baustile; Rathaus, Kammermühle, Amtshaus des Füstbischofs und Kommandatur sind einen Besuch wert. In der Stadt gibt es bis heute Brauereien im Familienbesitz, beim weithin bekannten Annafest im Juni lassen sich die rund 25.000 Besucher den Gerstensaft schmecken.

Mauern, Tore und Türme haben Forchheim seit jeher geschützt. Die Kaiserpfalz, etwa an der Stelle eines früheren karolingischen Königshofs gelegen, ist eine von Gräbern umgebene, fast quadratische Wasserburg.

Forchheim blickt zurück auf eine lange Geschichte, vor 1.200 Jahren wurde es das erste Mal erwähnt. Es bildete einen weit nach Osten vorgeschobenen Stützpunkt des Frankenreichs. Königshof und Pfarrei sind vermutlich Gründungen des 8. Jahrhunderts und werden in einem Kapitular Karls des Großen aus dem Jahr 805 genannt. Bereits 890 wird die Kirche St. Martin erwähnt, die Kaiser Otto II. 976 dem Bistum Würzburg schenkte. Kaiser Heinrich II. übergab 1007 dem von ihm gegründeten Bistum Bamberg den Königshof mit seinen Dörfern.

35 **Festung Rothenberg**

Beeindruckend thront die Festung Rothenberg über dem 8.000-Seelen-Städtchen Schnaittach, 25 Kilometer nordöstlich von Nürnberg. Die 588 Meter hoch gelegene Anlage in der Fränkischen Alb zeugt von der jahrhundertealten kriegerischen Vergangenheit von Altbayern, Franken und Böhmen.

Die Ursprünge gehen zurück aufs 14. Jahrhundert, 1360 gelangte die Burg in den Besitz Kaiser Karls IV. und dieser gewann damit einen wichtigen militärischen Vorposten gegenüber der Freien Reichsstadt Nürnberg. Zu Beginn des 15. Jahrhunderts bekamen die Wittelsbacher die Herrschaft über Rothenberg, die sie mit kurzer Unterbrechung bis ins 19. Jahrhundert innehatten. Ein Bund von Rittern teilte sich die Burg, bewirtschaftete die Ländereien und war dem wittelsbachischen Pfalzgrafen lehenspflichtig. Die Ritter machten die Burg immer wehrhafter, doch 1703 wurde sie bei einem Angriff völlig geschleift. Von 1729 bis 1741 aber wurde sie als polygonale Befestigungsanlage wieder neu aufgebaut. Die Wälle sind fast umlaufend mit unterirdischen Wehrgängen und mit Schießscharten versehen. Zur Anlage gehörten auch Werkstätten, im Graben wurden Hirsche gehalten. Als sie ihre strategische Bedeutung verlor, war sie Gefängnis und Altenheim für Veteranen.

Da man die Kosten für den Unterhalt nicht mehr aufbringen wollte, wurde die Feste um 1840 auf Anweisung des bayerischen Königs Ludwig I. aufgelassen und diente als „Steinbruch". Festungssteine findet man in vielen Häusern der Umgebung, sogar im Nürnberger Bahnhof wurde Kupferblech der Festung verarbeitet. Die Anlage verfiel, bis sie der 1892 gegründete Heimat- und Verschönerungsverein Schnaittach interessierten Besuchern zugänglich machte.

36 Hersbruck

Die Geschichte Hersbrucks reicht weit zurück: Der Ort entstand bereits im 8. Jahrhundert. Im Jahr 1003 wurde er als Haderihesprucga, Brücke des Haderich, erstmals urkundlich erwähnt. Dieser Haderich durfte an dem alten Handelsweg zwischen Regensburg und Forchheim den Brückenzoll kassieren. 1444 war Hersbruck vollkommen von einem Mauerring umgeben. Drei Tortürme stehen heute noch, zwei davon wurden jedoch im 17. Jahrhundert neu errichtet.

Heute ist die mittelfränkische Stadt mit ihrem Schloss – das das Amtsgericht beherbergt –, ihren malerischen Gassen, den zahlreichen denkmalgeschützten Häusern und der Stadtkirche aus dem 14. Jahrhundert ein staatlich anerkannter Luftkurort. Dank einer in mehr als 700 Metern Tiefe entdeckten Thermalwasserquelle hat es zudem seit 2004 die heilkräftige Fackelmann-Therme zu bieten.

Viele Besucher kommen wegen des einzigartigen Hirtenmuseums. Dieses Spezialmuseum ist in einem Bürgerhaus aus dem 16. Jahrhundert untergebracht. Rinderhirten wurden bis zur Mitte des 20. Jahrhunderts von der Gemeinde angestellt. Sie hatten medizinische Kenntnisse und handwerkliches Geschick. Von beidem zeugt das Museum. Es widmet sich aber auch dem Hirtenwesen weltweit.

37 Fränkische Schweiz

Die Karstlandschaft der Fränkischen Schweiz mutet wegen seiner zerklüfteten, teils exotischen Felsformationen aus dem Weißen Jura wie ein eigener kleiner Kosmos an. Tausend Höhlen in jeglicher Größe und Ausformung, 170 mittelalterliche Burgen und romantische Mühlen erwecken den Eindruck einer längst vergangenen Zeit. Doch seit jeher waren vor allem die karstigen Hochflächen von der Wasserarmut betroffen. Deswegen wird in der Fränkischen Schweiz Wasser als lebensspendendes Element besonders geschätzt. Seit etwa hundert Jahren werden zu diesem Zweck öffentliche Brunnen zur Osterzeit mit Blumenkränzen und bunt bemalten Eiern geschmückt.

Der Tourismus in der Region hat seine Anfänge in der Zeit der Romantik. Vor allem die zahlreichen Höhlen lenkten den Blick auf die Region. Mit den beiden „Entdeckern" Ludwig Tieck und Wilhelm Wackenroder erhielt das Gebiet einen neuen Namen. Die einstige Bezeichnung „Muggendorfer Gebürg" wurde durch „Fränkische Schweiz" ersetzt. Der Name rührt daher, dass man im 19. Jahrhundert Landschaften mit Bergen und Tälern gerne als Schweiz betitelte. Durch Berichte über die idyllische Landschaft wurde die Region weithin bekannt und lockte Gäste von Rang und Namen an, unter ihnen auch Richard Wagner.

Durch die Fränkische Schweiz führt die Burgenstraße. An dieser berühmten Touristenstraße liegen elf sehenswerte Ziele der Region, unter ihnen Forchheim mit der Kaiserpfalz, das „Herz der Fränkischen Schweiz" Ebermannstadt, Muggendorf-Streitberg mit der Binghöhle und Egloffstein im Trubachtal. Zahllose Kirchen ergänzen das Bild. Die herausragendste unter ihnen ist die barocke Dreifaltigkeitsbasilika zu Gößweinstein. Balthasar Neumann entwarf den Sandsteinbau, der 1739 eingeweiht wurde.

38 **Pottenstein**

Das mittelalterlich anmutende Städtchen Pottenstein ist so nahtlos in die einzigartige Landschaft der Fränkischen Schweiz eingebettet, dass von oben kaum alle Ortsteile auszumachen sind. Zu sehr verstecken sie sich in tief geschnittenen Tälern oder schmiegen sich an die zahlreichen Kalk- und Dolomitfelsen des Weißen Jura. Heute wird Pottenstein auch als Luftkurort geschätzt.

Die Geschichte der Stadt ist eng mit jener der gleichnamigen Burg verknüpft. Graf Boto erbaute 1060 die Burg zur Sicherung des Raums zwischen Main und Pegnitz und gilt damit nicht nur als Gründer der Stadt, sondern auch als deren Namensgeber. Nahezu auf gleiche Weise einschneidend war für Pottenstein der Besuch der heiligen Elisabeth von Thüringen im Jahr 1228, die wegen der von ihrem Onkel, Bischof Ekbert von Bamberg, arrangierten Vermählung mit einem Fürsten Zuflucht auf der Burg suchte. Knapp hundert Jahre später erhielt die Stadt ihre Stadtrechte. Danach blieb es lange ruhig. 1736 verwüstete ein Großbrand nahezu alle Häuser des damaligen Pottenstein. Daher findet man heute im Stadtgebiet kaum Gebäude, die vor 1736 erbaut wurden. 1803 kam Pottenstein schließlich zu Bayern.

Das mit 5.500 Einwohnern kleine Gemeindegebiet weiß als landschaftliches Kleinod mit außergewöhnlichen Sehenswürdigkeiten zu überzeugen. Das Scharfrichtermuseum stellt Daumenschrauben, Schandmasken und Schädelsprenger aus dem Mittelalter aus. Auch das in den 1920er Jahren erbaute und heute denkmalgeschützte Felsenbad war seit jeher Anziehungspunkt der Fränkischen Schweiz. Unter beeindruckenden Felsformationen wird das Freibad von Quellwasser gespeist. Die benachbarte Teufelshöhle wurde ebenfalls zu dieser Zeit erschlossen und gilt als größte Höhle der Umgebung.

Auf den folgenden Seiten:
Das Rathaus über der Regnitz
Der Bamberger Dom
Das Fürstenportal am Dom
„Klein-Venedig" am Regnitz-Ufer
Bamberger Residenz

39 Bamberg

Wie einst Rom auf sieben Hügeln erbaut, wird Bamberg oft zu Recht als Fränkisches Rom bezeichnet, und das nicht allein der geografischen Lage wegen. Die einstige Kaiserstadt, Sitz von Fürstbischöfen und bis heute Zentrum des Erzbistums, besitzt eine einzigartige Altstadt, welche 1993 sogar zum UNESCO-Weltkulturerbe erklärt wurde. Diese wurde vom Zweiten Weltkrieg weitgehend verschont und stellt damit den größten unversehrt erhaltenen historischen Stadtkern Deutschlands dar. Sie ist reich an bedeutenden Kulturzeugnissen des Mittelalters und der Barockzeit.

Der Aufstieg Bamberg erfolgte um 1000, als Kaiser Heinrich II. den Ort zu seiner Lieblingsstadt erkor, ein Erzbistum neu gründete und mit reichem Besitz ausstattete. Außerdem ließ der Herrscher den Dom errichten, der heute auch sein Grab beherbergt. Nach zwei Bränden neu errichtet, ist der Dom in seiner heutigen Gestalt aus dem 13. Jahrhundert in weiten Teilen erhalten und neben dem Alten Rathaus, der Neuen Residenz und dem Häuserensemble des an der Regnitz gelegenen „Klein-Venedigs" bedeutendes Wahrzeichen der Stadt. Nachdem der Bauernkrieg 1524/25, wie auch der Dreißig- sowie der Siebenjährige Krieg ihre Spuren im Stadtbild hinterlassen hatten, erlebte Bamberg vor allem im 17. und 18. Jahrhundert unter den amtierenden Fürstbischöfen eine glanzvolle Blütezeit, der wir das heute einzigartige Altstadtbild verdanken.

40 Schloss Seehof

Der Bamberger Fürstbischof Marquard Sebastian Schenk von Stauffenberg hatte 1686 dem Bau-meister Antonio Petrini den Auftrag für die Sommerresidenz Schloss Seehof mit ihren charakteris-tischen vier Ecktürmen erteilt. 1696 war der Bau abgeschlossen. Jeder neue Fürstbischof stattete das Schloss jedoch weiter aus. Unter Johann Philipp Anton von und zu Frankenstein wurden die Wohnräume und der Festsaal ausgestaltet, unter anderem vom Zierratenschnitzer Ferdinand Hundt und dem Freskenmaler Giuseppe Appiani. Dieser schuf einen raumüberspannenden Götter-himmel im Weißen Saal. Unter Füstbischof Lothar Franz von Schönborn wurde der prächtige Park nach dem Vorbild italienischer Villen angelegt, Adam Friedrich von Seinsheim ließ ein nicht mehr vorhandenes Labyrinth schaffen und von Johann Michael Fischer Wasserspiele bauen – ein auf-wendiges Unterfangen, denn für die Wasserversorgung musste ein 640 Meter langer Tunnel an-gelegt werden. Hinzu kamen im Park rund 400 Skulpturen des Bamberger Hofbildhauers Ferdi-nand Tietz aus weiß bemaltem Schilfsandstein.

Das Schloss mit Park wechselte dann oft die Besitzer, nach der Säkularisation kam es in Besitz der Wittelsbacher, später gehörte es einem Baron, der 1951 im Schlossweiher ertrunken ist. Spätere Eigentümer verkauften die Einrichtung, Stücke aus Seehof waren in alle Welt verstreut und sogar im New Yorker Metropolitan Museum of Art zu finden. 1975 erwarb der Freistaat Bayern Seehof, konnte einige der Kunstschätze zurückkaufen und 1995 auch die Kaskade wieder in Betrieb neh-men.

41 Wallfahrtskirche Vierzehnheiligen

Weithin sichtbar ist die barocke Wallfahrtskirche Vierzehnheiligen in der Nähe von Bad Staffelstein. Sie ist benannt nach den 14 Nothelfern: den drei Bischöfen Dionysus, Erasmus und Blasius, den drei Märtyrerinnen Barbara, Margareta und Katharina, den drei Rittern Georg, Achatius und Eustachius, dem Arzt Pantaleon, dem Mönch Ägidius, dem Diakon Cyriacus, dem Knaben Vitus und dem Christuskindträger Christopherus. Zwölf finden sich in drei Etagen übereinander am Gnadenaltar inmitten des prächtigen Langhauses; Barbara und Katharina stehen an den beiden seitlichen Altären.

Entstanden ist hier eine Kirche, weil Hermann, der Sohn eines Frankenthaler Schäfers, um 1445 an der Stelle, an der sich heute der Gnadenaltar erhebt, dreimal ein Kindlein sah, das wie ein Kristall leuchtete, umgeben von den 14 Nothelfern. Der Hof Frankenthal, der seit 1344 dem Kloster Langheim gehörte, wurde dann wegen einiger Wunderheilungen bekannt. Es kamen so viele Pilger, dass Friedrich Karl von Schönborn-Buchheim, der Fürstbischof von Würzburg und Bamberg, den seinerzeit bedeutenden Baumeister, Balthasar Neumann, beauftragte, eine große Basilika zu entwerfen, zu der 1742 der Grundstein gelegt wurde. 1772 war sie fertig. Die Deckengemälde im lichtdurchfluteten Innenraum beziehen sich vor allem auf die Erscheinungsgeschichte. Glanzstück ist der von Stuckateur Johann Michael Feichtmayr in elegantem Rokoko ausgeführte Gnadenaltar, den Balthasar Neumann in die Mitte des Langhauses positionierte.

42 Kloster Banz

1070 gründete Gräfin Alberada, Tochter des letzten Markgrafen von Schweinfurt, das Kloster Banz. Nachdem es im Dreißigjährigen Krieg zerstört wurde, wurde der Baumeister Leonhard Dientzenhofer mit dem Bau einer großzügigen Klosteranlage beauftragt. In der Säkularisation wurde das Kloster schließlich aufgelöst, 1813 erwarb Herzog Wilhelm von Bayern die Anlage.

Kloster Banz mit seiner mächtigen Doppelturmfassade und der großen Freitreppe ist das schönste Barockkloster Frankens. Der künstlerisch wichtigste Teil der Anlage ist die Kirche St. Dionysius und St. Peter und Paul am Südwesteck, die von 1710 bis 1719 erbaut wurde. Die Fassade verrät bereits das System der Innenarchitektur: quer gestellte elliptische Kurven, die in einem Oval liegen, das vergessen lässt, dass die Außenmauern ein Rechteck umschließen. Die Querovale schaffen Seitenräume für Seitenaltäre, während der Hochaltar im lang gestreckten, rechteckigen Mönchschor steht. Zum Kloster gehört eine Klostergaststätte. Das Museum beherbergt eine namhafte Sammlung von Versteinerungen wie auch von orientalischer Kunst.

Auf den folgenden Seiten:
Veste Coburg
Marktplatz mit Stadthaus
Die ehemalige Stadtresidenz Schloss Ehrenburg

43 Coburg

Hoch über der alten Residenzstadt Coburg erhebt sich die zweitgrößte erhaltene Burg Deutschlands, die Veste Coburg – auch als Fränkische Krone bezeichnet. Die Veste Coburg wurde in ihrer 800-jährigen Geschichte niemals erobert, allerdings wurde sie im Dreißigjährigen Krieg im März 1635 durch den General von Lamboy nach fünfmonatiger Belagerung mithilfe eines gefälschten Briefs, in welchem Herzog Johann Ernst die Übergabe befahl, eingenommen. Sie verfügt über eine Vielfalt von Verteidigungswaffen. Fallgatter, Eisentore und ein zehn Meter hohes Eingangsportal sind von außen zu erkennen. Im Inneren verbergen sich unter anderem Laufgänge und Pechgruben. Auch die großen Bastionen, die tiefen Gräben und hohen Brücken, die bis heute erhalten sind, zeigen, welches Handwerksgeschick und welche Planung in dieser Burg stecken.

Im Zentrum der Stadt liegt am Fuße des Festungsberges der Schlossplatz. Er wird umfasst von dem ehemaligen Residenzschloss, den Arkaden mit Hofgarten sowie dem Edinburgh-Palais und dem Landestheater. Die ehemalige Stadtresidenz der Coburger Herzöge, Schloss Ehrenburg, präsentiert sich heute vom Schlossplatz aus gesehen im neugotischen Gewand des 19. Jahrhunderts. Hinter den Fassaden verbirgt sich aber eine mächtige Anlage, die auf eine 450-jährige Geschichte zurückblickt. Nach einer Brandkatastrophe baute Herzog Albrecht die Ehrenburg ab 1690 zu einer barocken Residenz aus. Aus dieser Zeit sind in einzelnen Räumen üppige Stuckaturen oberitalienischer Meister, die Hofkirche und der prachtvolle Riesensaal erhalten. Mächtige Atlantenfiguren tragen die Decke dieses Saales. An die Aufenthalte Queen Victorias, die mit Prinz Albert von Sachsen-Coburg und Gotha verheiratet war und des Öfteren gerne in Coburg verweilte, erinnert das für sie eingerichtete Schlafzimmer. Um 1860 wurde sogar ein von Mahagoni umkleidetes Wasserklosett englischer Herstellung eingebaut, wohl eines der ersten auf dem europäischen Kontinent.

Links: Stadtmauer mit Hexenturm
Rechts: Dreistufiger Stadtaufbau von Kronach an der Haßlach:
am Fluss die Gebäude der Vorstadt, darüber die Altstadt und im
Hintergrund links die oberhalb von Kronach gelegene Festung
Rosenberg
Großes Bild: Die Festung Rosenberg mit den wuchtigen
barocken Bastionen

44 **Kronach**

Bereits von Weitem zu erkennen, erhebt sich über Kronach mit der Festung Rosenberg eine der größten mittelalterlichen Burgen Deutschlands. Die Kernburg aus dem 13./14. Jahrhundert mit dem sehenswerten Bergfried und der Kemenate ist der älteste Teil der Burg. Er wird von zwei weiteren gewaltigen Beringen umgeben. Die Kemenate beherbergt die Fränkische Galerie mit Meisterwerken unter anderem von dem in Kronach geborenen Lucas Cranach.

Nicht weniger eindrucksvoll ist die unterhalb der Festung liegende sogenannte Obere Stadt – die historische Altstadt, die von Sandstein- und Fachwerkhäusern, Stadtmauern, Toren, Türmen und Gewölbekellern geprägt wird. Ein bemerkenswertes Ensemble bilden das historische Rathaus und die Stadtpfarrkirche St. Johannes der Täufer. Hervorzuheben ist ebenfalls der viergeschossige, fast quadratische Hexenturm als Teil der Stadtmauer, unweit des neuen Rathauses.

45 Burg Lauenstein

Die malerische Höhenburg Lauenstein im Landkreis Kronach im Schiefergebirge ist die nördlichste Burg Bayerns. In der Legende wird Lauenstein als „Mantelburg" bezeichnet: König Konrad I. wollte sie demnach 950 auf dem südöstlich gelegenen Schwarzen Berg bauen, aber jede Nacht wurden die errichteten Mauern wieder zerstört. Konrad hörte auf einen weisen Einsiedler, verlegte den Bauplatz und umgab ihn zum Schutz vor dunklen Mächten mit seinem in Streifen geschnittenen Königsmantel. Die ältesten Teile der heutigen Burg stammen aus dem 12. Jahrhundert. Die Burg hatte im Laufe der Geschichte zahlreiche Eigentümer wie Heinrich von Könitz, die Ritter von Thüna oder später den Markgrafen von Brandenburg-Bayreuth, sie fiel 1791 an Preußen und 1803 an Bayern. 1896 erwarb der „Burgenromantiker" Dr. Erhard Messmer die verwahrloste Anlage, ließ sie renovieren und neu ausstatten. Seit 1962 ist die Anlage im Besitz des Freistaats Bayern.

Heute ist hier ein Museum eingerichtet, im Rahmen einer Führung kann man Sammlungen von Schlössern und Schlüsseln, Mobiliar vom 15. bis zum 19. Jahrhundert, Waffen und Rüstungen besichtigen. In der Vorburg befindet sich ein Hotel, ein Ort, an dem schon der Dichter Joachim Ringelnatz und später der Bundespräsident Thodor Heuss zu Gast waren. Ein Highlight ist das Burgfest. Der kleine Ort Lauenstein verwandelt sich dann in eine mittelalterliche Kulisse mit Gauklern und Landsknechten: Es findet alle zwei Jahre am vierten Wochenende im Juni statt.

Großes Bild: Die Plassenburg über Kulmbach, im Hintergrund die Altstadt
Kleines Bild: Der „Schöner Hof" in der Plassenburg

46 Kulmbach

Ende Juli wehen in der Kulmbacher Altstadt die Fahnen: Es ist wieder Bierfest. Das Bierbrauen hat hier eine lange Tradition, es geht in der im 11. Jahrhundert erstmals genannten Stadt am Main zurück bis aufs 14. Jahrhundert – wobei neben den Brauhäusern auch das Hausbraurecht stets von Bedeutung war.

Gleichfalls im 14. Jahrhundert kam Kulmbach an die Nürnberger Burggrafen, wurde mit den Hohenzollern also markgräflich. Die eindrucksvolle Plassenburg, die über allem thront, war bis 1603 deren Hauptsitz, bevor die Residenzwahl der Markgrafen auf Bayreuth fiel. Im Jahr 1810 wurde Kulmbach bayerisch. Der Aufstieg zur Plassenburg lohnt sich, unter anderem wegen der 300.000 Exponate im größten Zinnfigurenmuseum der Welt, aber auch wegen des Landschaftsmuseums Obermain.

Der Bau der evangelischen Pfarrkirche St. Petri, deren Vorgängerin das Zentrum der Stadtgründung war, wurde laut Inschrift am Chor 1439 begonnen. Da Kulmbach 1553 im Zweiten Markgrafenkrieg zerstört wurde, stammen seine repräsentativen Bauten aus dem 18. Jahrhundert, wie etwa das Rathaus am Marktplatz. Der schönste Bau, der Langheimer Klosterhof, wurde als dreigeschossiger Gebäudekomplex in den Jahren von 1691 bis 1694 auf einen Vorsprung des Schlossberges gesetzt. Von der Stadtbefestigung sind noch drei Türme des 14. Jahrhunderts erhalten: der „Rote Turm", der „Weiße Turm" und der „Heilingschwertturm".

Auf den folgenden Seiten:
Richard-Wagner-Festspielhaus
Bühnenansicht des Markgräflichen Opernhauses
Sonnentempel der Eremitage

47 Bayreuth

Die Universitätsstadt Bayreuth erlangte weltweite Berühmtheit durch die Richard-Wagner-Festspiele. Richard Wagner selbst entwarf die Pläne zum 1872 bis 1875 unter der Protektion von König Ludwig II. erbauten Festspielhaus. Hier kam es auch zur Uraufführung des Rings des Nibelungen. Bis heute finden die Festspiele jedes Jahr von Juli bis August statt. Das Richard-Wagner-Festspielhaus steht auf dem Grünen Hügel in Bayreuth, Zuschauerraum und Bühnenhaus sind in Fachwerk-Bauweise ausgeführt. Wagner gefielen Lage und Größe der Stadt, sodass er alsbald konkrete Vorarbeiten für den Bau einleitete. Das Grundstück erhielt er kostenlos von der Stadt Bayreuth.

Die Stadt selbst kann eine fast tausendjährige Geschichte aufweisen und bietet heute mit dem Markgräflichen Opernhaus das wahrscheinlich schönste erhaltene Barocktheater Europas und mit der Eremitage vor den Toren der Stadt eine historische Schloss- und Parkanlage mit Wasserspielen, die zu den großen Sehenswürdigkeiten der Stadt gehört. Ab 1715 unter Markgraf Georg Wilhelm als kleines Sommerschlösschen entstanden, wurde das Gelände zu einem prachtvollen Park ausgebaut, in dem ein weiteres Schloss, das eine goldene Quadriga ziert, seinen Platz fand. Dieses Viergespann wird gelenkt von einem fackeltragenden Apollo als Sinnbild der Sonne. Deswegen wird dieser Teil des Schlosses meist als Sonnentempel bezeichnet.

Großes Bild: Die Neue Kolonnade in Bad Berneck

Kleines Bild: Der 188 Meter hohe Fernsehturm auf dem Ochsenkopf

48 Fichtelgebirge

„Der Granit lässt mich nicht mehr los": Das schrieb Johann Wolfgang von Goethe an Charlotte von Stein. Der Dichter und Naturwissenschaftler reiste drei Mal ins Fichtelgebirge im Norden Bayerns, östlich von Bayreuth, das fast zur Hälfte aus Granit besteht. Bereits seit dem frühen Mittelalter wurde dort Erz, später auch Gold, Zinn, Eisen abgebaut. An den Flüssen entstanden Schmelzöfen, die Wälder lieferten den Rohstoff für die nötige Holzkohle. Heute ist die Stadt Selb bekannt für ihre Porzellanherstellung mit bekannten Namen wie Rosenthal oder Hutschenreuther.

Mit seinen 1.051 Metern ist der Schneeberg die höchste Erhebung des Fichtelgebirges und damit ganz Frankens. Es folgt der Ochsenkopf mit 1.024 Metern, der im Winter ein Skifahrerparadies ist. Der Name Ochsenkopf ist ein Hinweis auf das vor langer Zeit in einen Fels gemeißelte Stierhaupt auf dem Gipfel. Dort oben steht auch der nach germanischen Gottheiten benannte Asenturm.

49 Luisenburg

Das Luisenburg-Felsenlabyrinth bei Wunsiedel ist ein Felsenmeer aus Granitblöcken mit Ausmaßen von mehreren Metern. Goethe schrieb 1820 von der ungeheuren Größe der übereinander gestürzten Granitmassen. Es gibt dort wildromantische Wege durch enge Spalten. Das nach der Königin Luise benannte Blockmeer ist bereits seit dem 18. Jahrhundert touristisch erschlossen und heute auch wegen der von den Felsen eingerahmten Naturbühne und der alljährlich stattfindenden Luisenburg-Festspiele bekannt.

Restaurantgebäude im Bürgerpark Theresienstein,

50 Hof

Die Stadt Hof wurde um 1230 von den Herzögen von Andechs-Meranien neben einem Königshof des 12. Jahrhunderts gegründet. Im 14. Jahrhundert kam sie in den Besitz der Nürnberger Burggrafen, dann der Markgrafen, und fiel nach einem preußischen Intermezzo 1810 an Bayern. 1823 zerstörte ein Großbrand 90 Prozent der Häuser. So haben die bedeutenden Gebäude einen neugotischen Charakter, vieles wurde historisierend im biedermeierlichen Klassizismus wiederaufgebaut. Hof ist umgeben von Hügeln, auch im Stadtgebiet geht es bergauf und bergab, der niedrigste Punkt liegt 450, der höchste 614 Meter über dem Meer.

Das ehemalige Spital beherbergt das Museum Bayerisches Vogtland, das die Geschichte des städtischen Handwerks, der Zünfte und der Kaufleute dokumentiert sowie eine Textilkunde zeigt. In dem 1816 geschaffenen Park Theresienstein, benannt nach der Königin Therese von Bayern, wurde 1903 ein auffälliges Restaurantgebäude mit Turm im historisiernden Jugendstil eingefügt. Daran schließen sich die Parkanlagen Luitpoldhain und Labyrinthberg an.

Sollte der Tourist während seines Bummels einem „Wärschdla-Mo", also einem Würstl-Verkäufer, begegnen, empfiehlt es sich, die heiße Ware aus seinem Messingkessel zu kosten. Es gibt am Sonnenplatz sogar ein Wärschdla-Mo-Denkmal.

01 Amorbach

02 Miltenberg

03 Aschaffenburg

04 Schloss Mespelbrunn

05 Lohr am Main

06 Hammelburg

07 Bad Kissingen

08 Münnerstadt

09 Kreuzberg / Rhön

10 Ostheim

11 Schweinfurt

12 Kloster Ebrach

13 Volkach

14 Würzburg

15 Veitshöchheim

16 Ochsenfurt

17 Kitzingen

18 Iphofen

19 Bad Windsheim

20 Rothenburg ob der Tauber

21 Ansbach

22 Heilsbronn

23 Dinkelsbühl

24 Burg Pappenheim

25 Weißenburg

26 Ellingen

27 Greding

28 Schwabach

29 Nürnberg

30 Fürth

31 Cadolzburg

32 Erlangen

33 Schloss Weißenstein in Pommersfelden

34 Forchheim

35 Festung Rothenberg

36 Hersbruck

37 Fränkische Schweiz

38 Pottenstein

39 Bamberg

40 Schloss Seehof

41 Wallfahrtskirche Vierzehnheiligen

42 Kloster Banz

43 Coburg

44 Kronach

45 Burg Lauenstein

46 Kulmbach

47 Bayreuth

48 Fichtelgebirge

49 Luisenburg

50 Hof

Franken

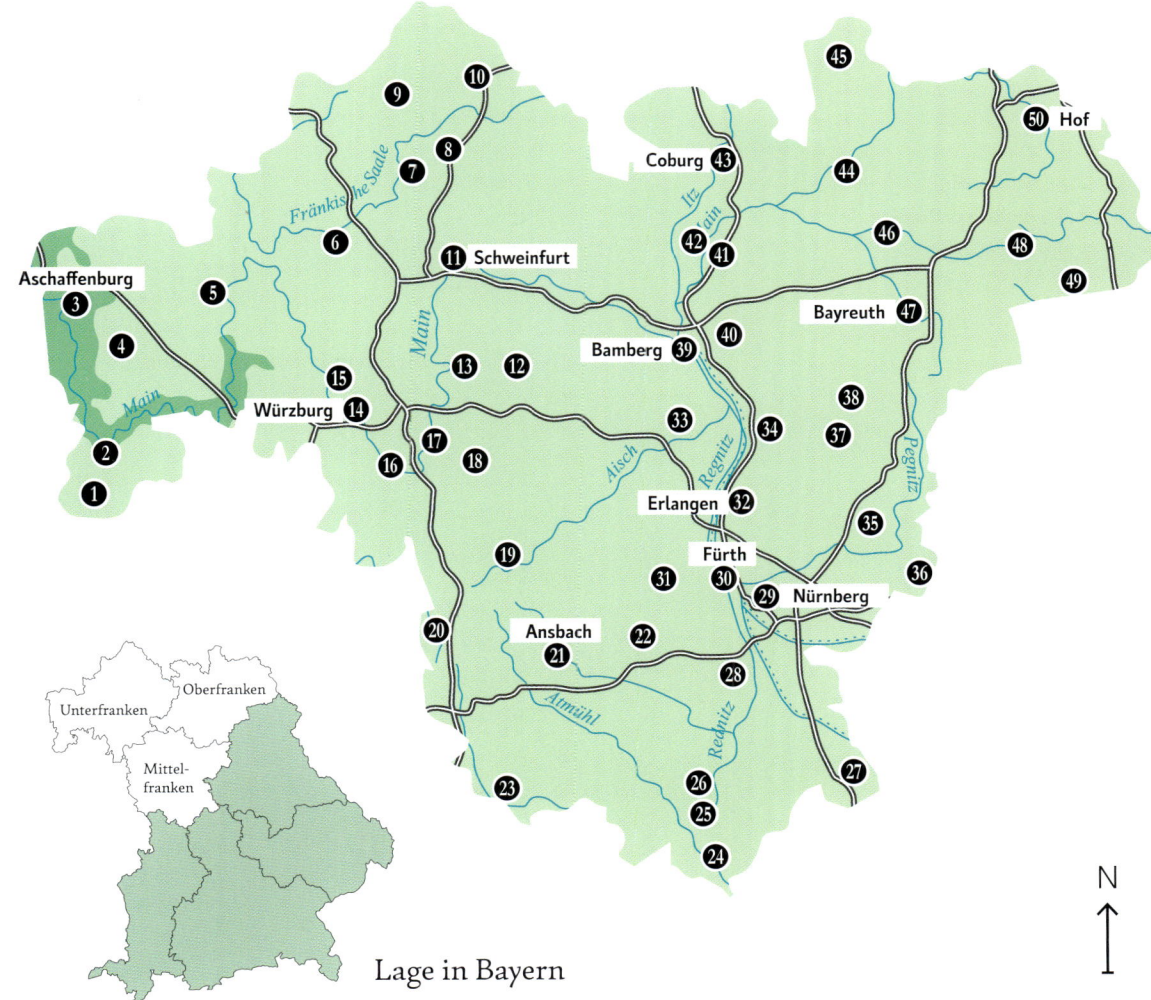

Aschaffenburg

9
10
8
7
6
5
11 Schweinfurt
Coburg 43
45
44
42 41
46
48
49
50 Hof
3
4
2
1
15
13 12
14 Würzburg
Bamberg 39 40
Bayreuth 47
38
37 34
35
17
16 18
33
Erlangen 32
36
19
Fürth
31 30 29 Nürnberg
20
Ansbach 21
22
28
27
23
26
25
24

Unterfranken

Oberfranken

Mittel-
franken

Lage in Bayern

N

Bildnachweis